文化传播视角下
英汉翻译理论与实践的再探索

朱　静◎著

吉林大学出版社

·长　春·

图书在版编目(CIP)数据

文化传播视角下英汉翻译理论与实践的再探索/朱静著.—长春:吉林大学出版社,2019.11
ISBN 978-7-5692-5874-5

Ⅰ.①文… Ⅱ.①朱… Ⅲ.①英语－翻译－研究
Ⅳ.①H315.9

中国版本图书馆 CIP 数据核字(2019)第 245757 号

书　　名　文化传播视角下英汉翻译理论与实践的再探索
　　　　　WENHUA CHUANBO SHIJIAO XIA YING-HAN FANYI LILUN YU
　　　　　SHIJIAN DE ZAITANSUO

作　者　朱　静　著
策划编辑　孟亚黎
责任编辑　代红梅
责任校对　王　蕾
装帧设计　马静静
出版发行　吉林大学出版社
社　　址　长春市人民大街 4059 号
邮政编码　130021
发行电话　0431－89580028/29/21
网　　址　http://www.jlup.com.cn
电子邮箱　jdcbs@jlu.edu.cn
印　　刷　北京亚吉飞数码科技有限公司
开　　本　787mm×1092mm　1/16
印　　张　15.75
字　　数　204 千字
版　　次　2020 年 3 月　第 1 版
印　　次　2020 年 3 月　第 1 次
书　　号　ISBN 978-7-5692-5874-5
定　　价　76.00 元

前　言

当今时代,随着经济和文化全球化进程的推进,世界各国的交流愈发频繁。中国希望通过实施文化"走出去"战略,来扩大对外宣传,促进对外文化交流,使世界全面了解中国,塑造中国文化形象。而国外文化也在不断"走进来",使中国更加深入地了解多元化的世界文化。可见,文化交流的过程也伴随着文化传播的过程,文化交流与传播对促进世界文化的融合与发展发挥着重要作用。

语言反映并承载着文化,文化制约并影响着语言。通过语言转换,翻译实现了操不同语言的人们之间的沟通和互动。翻译不仅是跨语言的交际行为,而且是跨文化的传播方式。翻译与文化传播有着密切的关系,因此在翻译实践中应重点考虑文化因素,从文化传播的视角出发来研究翻译。对此,作者精心撰写了《文化传播视角下英汉翻译理论与实践的再探索》一书,以期为英汉翻译研究的进一步发展略尽绵薄之力。

本书共包含九章。第一章和第二章对文化、传播以及翻译的基本概念进行了概述。第三章对文化传播与翻译的关系进行了解读。第四章对文化传播视角下英汉翻译的语言基础进行了探究。第五章对文化传播视角下英汉翻译的思想基础进行了论述。第六章至第八章对文化传播视角下英汉特殊词汇、英汉自然现象差异、英汉社交礼仪的差异及其翻译进行了详细分析。第九章对文化传播视角下英汉其他方面的文化差异及其翻译进行了说明。

本书从文化传播角度入手,对英汉翻译理论与实践进行了全面、细致的探索,具有以下几个鲜明特点。第一,本书以文化传播为基础和切入点来探讨英汉翻译,不仅视角新颖,而且符合社会的发展潮流,为英汉翻译理论与实践研究指明了未来的发展方向。第二,本书首先从基础理论分析入手,概括论述了文化、传播以及翻译等基础概念,然后重点论述了文化传播视角下的英汉翻译实践,不仅做到了理论与实践的有机结合,而且逻辑缜密、结构合理。第三,本书语言通俗易懂,内容丰富翔实,而且实用性极强。无论是对于学生、教师还是致力于英汉翻译研究的专业人士而言,本书都有着重要的学习和借鉴价值。

为确保本书的严谨性与科学性,作者在成书过程中参阅了大量文献和专著,并引用了部分专家和学者的观点,在此一并表示衷心的感谢。因写作水平有限,书中难免有错误和疏漏之处,还望广大读者批评指正。

作 者

2019 年 7 月

目 录

第一章　文化与传播概述

文化与传播相互交织在一起,形成了人们在跨文化传播过程中所持有的视角。语言作为一种工具性的存在,是人们理解传播、文化与意识的关键所在。在文化传播过程中,文化、传播、语言这三个元素看似独立,实则密切结合为一个整体。本章从文化、传播的基本概念入手,对文化与传播进行概述,在此基础上分析中国传统文化对外传播的价值。

第一节　文化的基本概念解析

一、文化的定义

文化作为独立的概念于 17 世纪由德国法学家普芬多夫提出,这位学者给文化下了明确的定义:"文化是人的活动所创造的东西与依赖人和社会而存在的东西的总和。"①此后,很多学者都对文化的界定做出了描述与解释。

美国学者阿尔弗雷德·路易·克罗伯与克莱德·克拉克洪(Alfred Louis Kroeber & Clyde Kluckhohn,1952)在《文化:关于概念和定义的评述》一书中,归结了文化的 164 种定义,同时对这些定义进行了梳理:文化由两层行为模式构成,一种是内隐行为模式,一种是外显行为模式,这两种模式以象征符号来进行传递;

---

① 王祥云.中西方传统文化比较[M].郑州:河南人民出版社,2006:2.

传统观念是文化的核心,以由传统观念带来的价值最为突出;文化体系有两种意义,一是可以被视为行为活动的产物,二是对下一步行为活动具有决定作用。

美国学者戴维·波普(David Popenoe)对文化的定义比较全面,他认为文化应该由三个主要元素构成:"符号意义和价值观——这些都用来解释现实和确定好坏、正误的标准;规范准则——对在一个特定的社会中人们怎样思维、感觉和行动的解释;物质文化——实际的和人造的物体,它反映了非物质的文化意义。"①

美国著名学者萨莫瓦等人(Samovar et al.,1995)也对文化进行了界定,他们认为"文化是一些人通过个人或者集体的努力,获取的包含知识、意义、态度、信仰、价值观、时间观、物质等在内的财富。"②

莫兰(Moran,2004)指出,文化是处于特定的社会情境之中的一系列文化产品,是人类群体不断演变的生活方式,包含着一套基于共有世界观的共有的生活实践体系。其中,文化产品是一种文化实体,属于物理层面,由文化社群以及文化个体创造或使用。文化社群包括社会环境和群体,文化个体的所有文化实践行为都是在特定的文化社群中发生的。③

语言学家林奈尔·戴维斯(Linell Davis,2004)指出:"文化是一个集合体,它集风俗、信仰、行为、价值、文化构式等为一体,在这一集合体中,人们可以相互学习和分享。"④

我国学者对文化的内涵也有研究与阐释。例如,张岱年和程宜山认为:"文化既包括活动方式,又包括活动成果,是人类在征服自然世界时表现出的行为以及行为背后的思维方式。"⑤

---

① 白靖宇.文化与翻译[M].北京:中国社会科学出版社,2010:3.

② Samovar,L. & Porter,R. *Communication between Cultures*[M]. Belmont,CA: Wadsworth Publishing Company,1995:47.

③ 侯贺英,陈曦.文化体验理论对文化教学的启发[J].时代经贸,2012,(2):16.

④ Davis,Linell. *Doing Culture—Cross-Cultural Communication in Action*[M]. Beijing:Foreign Language Teaching and Research Press,2004:24.

⑤ 闫文培.全球化语境下的中西文化及语言对比[M].北京:科学出版社,2007:27.

联合国教科文组织在 2000 年发表的《世界文化多样性宣言》(*Universal Declaration on Cultural Diversity*)中使用的文化的解释为：文化是某个社会或社会群体特有的精神、物质、智力与情感等方面一系列特质之综合；除了艺术和文学之外，还包括生活方式、共同生活准则、价值观体系、传统和信仰。本书所探讨的文化的内涵基本与这一文化解释等同。

二、文化的特征

（一）整合性

文化是各种要素构成的一个整合体系，体系的各部分在结构层面是互相联结的，功能上是互相依存的。爱德华·霍尔曾借用信息论和系统论的基本思想，根据人类活动的领域将文化分为十大"信息系统"，即互动、联合、生存、两性、领土、时间、学习、消遣、防卫和利用，每个系统既为其他文化系统所反映，也反映其他系统。此外他指出，这些系统相互作用，相互影响，所以文化研究者可以将任意一个信息系统作为起点，最后均能呈现一幅完整的文化图景。

文化既是稳定的，又是发展变化的。一般而言，人类的每一种文化都保持稳定的内部文化结构，体现为相对稳定的习俗、道德、世界观、价值观等，在面对外部文化冲击时，能确保自身结构保持稳定与平衡。同时，文化是发展变化的。生产力的发展，新的发明创造、新的观念的出现，政治上的突变，经济的全球化趋势，均能在某种程度上推动文化的发展变化。

（二）表现性

如前所述，文化具有外层和内层之分。人们的内层文化通过外层文化表现出来。因此，文化具有表现性。人是一种表现的动物。在创造文化的过程中，人类将认识世界的精神成果转化为外显有形的行为方式,因而这些行为方式就构成了文化的表象,从而指导着人们的生活方向。人们一方面必须接受这些法则的规范和引导,另一方面又在这种文化中展现人生的意义和价值。正是因为文化具有表现性,所以文化和交际常常被放到一起去讨论。我们常常讨论的交际冲突,很多都是由文化误解引起的。在交际中,误解是常见的一种现象,要想尽力避免误解的产生而使交际顺利进行,就需要交际双方对同一行为表现具有一致或相近的解释。在交际过程中隐藏着一种潜在的危险,那就是差异,交际的顺利进行要求交际双方共享一套社会规范或行为准则。

(三)统摄性

每一种文化都具有一个或几个"文化内核",这些内核具有极强的向心力,可以统摄其他各种亚文化。文化的这种统摄作用,可以使得文化在外界环境的巨变中仍然保持着自身的特色。例如,在中国的传统文化中,融自然哲学、政治哲学和伦理哲学为一体的"天人合一"世界观,以及"经国济世"等精神元素,作为中国文化的"内核",一直发挥着"整合"作用。不同文化有着不同的"内核",必然导致在价值观念、认知模式、生活形态上的差异,如果交际双方不能理解对方的文化,就会导致交际冲突。

(四)传承性

文化具有传承性,是人类进化过程中衍生和创造的一种代代相传的习得行为,对个体和社会的生存、适应与发展具有促进意义。也就是说,文化并非人类生来就有的,而是在社会化过程中逐渐习得的,每一个社会人只有依靠特定文化的力量才能生存与发展。

文化作为人的生存方式,具有个人与群体生活的基本职能。在某种意义上,"文化是为人类生命过程提供解释系统、帮助他们对付生存困境的一种集体努力。"①

　　人类对自身生存行为所做的解释,使共同价值体系得以形成。这种共同价值体系的制度化反过来对人们的生存行为起着规范作用,决定他们与自然界进行物质交换的方式,同时对他们在此生存活动中的相互关系进行调整。

(五)进化性

　　当社会环境、时代特征变得跟以前不同,人们为了求得生存,不得不创造不同的文化,因为文化终究只是人们满足自身生存需求的手段之一。每一个时代都有与之前的时代不一样的地方,因此文化始终是在变的,就像人不可能经过同一条河流。

　　文化又像一个洋葱,剥开外面那一层,还有里面那一层。所以,文化分为外层文化和内层文化。外层文化是人们表现在行为举止上的文化,内层文化是思想上的文化,是外层文化的内在根源。国家、民族之间具有越来越多的交往,这其中必定包含着不同文化之间的交流。文化交流可能使得文化内部要素发生"量"的变化,"量"的变化也可能促使"质"的变化。事实是,佛教从印度传入中国后,就给中国传统文化添加了新的元素。外层文化要比内层文化更容易发生变化,并且变化得更多。也就是说,发生在衣、食、住、行等方面的变化要比信仰、价值观等方面的变化更加明显。

(六)民族性

　　文化具有民族性特征。文化是特定群体和社会的所有成员共同接受和共享的,一般会以民族形式出现,具体通过一个民族使用共同的语言、遵守共同的风俗习惯,其所有成员具有共同的心理素质和性格体现出来。

　　文化植根于人类社会,而人类社会以聚居集中的民族为区分

---

① 孙英春.跨文化传播学导论[M].北京:北京大学出版社,2008:3.

单位,因此文化也是植根于民族的机体中。文化是一个由多种要素构成的复杂整体,在这个整体中,各要素互相补充、互相融合,共同塑造着民族性格。文化的疆界一般和民族的疆界一致。一个民族包含着不同的区域,在民族文化的大范围内,多种区域性文化常常同时并存。一个社会往往也包含众多民族,这些民族之间不可能保持文化的一致,因此在大的民族文化之下必定包括一些互有差异的亚文化。以下将中国文化作为例子,说明文化的民族性。

1. 以伦理人情为中心

在中国人的思维和行为方式中,有一个突出的特点,那就是乡土情怀。乡土情怀已经成为整个中华民族的特质。乡土情怀又是以伦理人情为中心的,所以中国人倾向于以伦理人情为中轴来处理人际关系。

中国文化以伦理人情为中心,首先体现在宗法制度上。中国文化产生于大河流域的内陆农耕生产模式,农耕的生产模式决定了人际的合作模式大多以家族为主。文化的这一特点导致了群体或民族中心主义,这是人类在交际过程中的普遍现象,人们会无意识地以自己的文化作为解释和评价别人行为的标准,显然,群体或民族中心主义会导致交际失误,达到一定程度时会带来文化冲突。家族是以血缘来维系人群关系,从而也决定了社会集结模式是以家族及家族体系为主导的,也继而决定了社会制度不自觉选择一种伦理中轴的宗法制度。封建社会将氏族社会体系带上了历史舞台,由于地主阶级发育得不成熟、不完整,因此继承了氏族社会的家族体系。正是在氏族社会体系的强大影响之下,中国文化中的宗法制度才成为主宰社会的最大命令。其次,它还体现在中国人都很讲究道德感和责任感。古代先贤就教育人们要修身,要当君子,要为国家做贡献。这些也可以成为我们现代社会的道德准则。在中国传统社会中,道德是天然的评判尺度,违反了道德就会遭到社会的唾弃。

2.凝聚力强

在世界文化体系中,中国传统文化是唯一一个从未隔断的连续的文化体系,这足以说明中国文化具有很强的内在逻辑性。在漫长的历史长河中,中国文化体系以其独特的物质文化和精神文化绵延传承下来,成为中国民族持续发展、进化的主要营养。中国文化具有顽强的生命力,不是没有原因的。中国文化是包容的,是开放的,更是融合的,虽然历经各民族的入侵,但是最终都向核心文化聚合。因此,我们可以看到每逢盛大的中国传统节日,海外同胞、海外侨胞要么回国,要么就在国外庆祝节日,他们都有着强烈的家国情怀。

三、文化的要素

文化由各种各样的材料构成,这些材料即为文化的要素。具体而言,文化的要素涉及以下几个方面。

(一)语言和非语言符号

在人类的社会生活中,人们的交往和沟通均是通过语言符号与非语言符号实现的,在此基础上创造文化。此外,语言和非语言符号是文化积淀和储存的手段,各个文化要素需要借助语言和非语言符号体现出来,并传承下去。

(二)地理环境

自然地理环境对于文化有着重要的作用。环境极大地限制了人们的生活,而"任何一种环境在一定程度上总要迫使人们接受一种生活方式"①。

例如,就古希腊、古罗马而言,它们处于西方文化的源头,濒

---

① ［英］雷蒙德弗·思.人文类型［M］.费孝通,译.北京:华夏出版社,2002:33.

临海洋,土地较为贫瘠、稀少,物种类型较少,缺乏生活资料,大多依靠从海外换取。这就促使其航海事业较为发达,由此成了商业文化的策源地。受这样的生产方式影响,人们逐渐形成了独立思考、崇尚个性、追求变化与喜欢斗争的性格特征。

就中国而言,中国是一个典型的大陆型国家,地理环境较为封闭,多数地区都处于温带,气候适宜,多样化的山脉与河谷、平原环境为人们提供了相当丰富的生活资料,这样的地理环境使中国很早就形成了较为稳定的农业社会结构,与此相适应,中国民族性格主要是勤劳、本分、热爱和平。

(三)认知体系

认知(cognition)是人类个体在心理活动下形成的,具体指"主体赖以获取知识与解决问题的能力"(孙英春,2008)。人类通过认知对客观世界有所认识,对周围世界的信息进行有选择的收集,同时就客观世界中的刺激做出相应的反应。

认知体系主要包括感知、思维方式、世界观、人生观、价值观等要素。从很大程度上来看,认知系统可被看作一个文化群体的成员评价行为和事物的标准。这一标准存在于人的内心,同时通过人的态度与行为得以体现。

认知体系是跨文化传播学重点关注的文化要素之一。对于不同社会文化或民族群体中的人而言,受生活环境与生活经验的影响,其认知也有所不同。

(四)历史

历史是理解文化的中介。历史可以作为文化价值、文化理想及文化行为的起源。

历史主要是人类活动的过程与记录。文化是历史的一个重要组成部分。文化特性均能在历史事实中找到答案。

进一步说,文化的现实是历史的延续,现实中的文化要素均可在历史中找到其嬗变的轨迹。所以,要对某一文化现象有所理解,既要关注其所涉及的内容,还要对其所形成的历史过程有所理解。

在文化与传播研究领域,"文化"与"历史"两个词一般是可以互换的。其原因在于历史是隐藏在文化深层结构中的要素,各文化都有其各自的历史。

(五)规范体系

规范(norms)是规定人们参与社会活动的共同标准,涉及习俗、道德、法律、制度等。规范对不同文化群体成员的活动方向、方法和式样进行了明确的规定。此外,各种规范之间互相联系、互相渗透、互为补充,对人们的各种社会关系和社会交往活动起着调整的作用。

(六)社会组织与家庭

社会组织是实现社会关系的实体。要确保各种社会关系得以实现和运行,每一种文化必须要构建一些社会组织。具体而言,保证各种社会关系运行的实体包括家庭、生产组织、教育组织、政治组织、娱乐组织等。其中,家庭(family)是在婚姻、血缘关系或收养关系基础上形成的亲属间的社会组织。

家庭是最古老、最基本的一种社会组织。家庭帮助了文化,告诉我们世界的样子及我们在世界中的位置:家庭将一个个生物机体转化为社会人,从孩童起传授人最基本的态度、价值观以及行为方式。人与人的一切社会关系与社会交往,均是基于家庭而形成与发展的。

(七)物质产品

文化的物质产品是经过人类干涉或改造的自然环境与创造出来的所有物品。建筑、计算机、汽车等都属于文化的物质产品,它们能体现出文化的价值观、需要、目标和关注所在。

物质产品与其他文化要素息息相关。物质产品"凝聚着人们的观念、智慧、需求和能力,也为人们建立和开展各种社会文化交往,维系各种社会关系的结构、功能和秩序提供基本的物质依托"①。

在中国文化中,"四大发明"就是重要的物质产品。它们传入欧洲后,为文艺复兴运动和新航路的发现做好了物质与技术层面的准备,而且在一定程度上推动了世界文明和历史的发展进程。

第二节　传播的基本概念解析

在日常生活中,人们总要与他人进行交流,传递各种信息。传播是指借助符号与媒介来交流信息的一种社会互动过程。在此过程中,人们用各种符号实现信息的交换,逐渐产生共享意义,并运用意义对世界与周围的事物进行阐释。

一、传播的内涵

在亚里士多德学派看来,传播是一个线性存在(linear)的过程。在这个过程中,信息从信息发送者经由渠道直抵信息接收者。20世纪最能体现亚里士多德学派特点的传播模型就是香农(Claude Shannon)和韦弗(Warren Weaver)提出的单向传播模型,即香农—韦弗传播模型。身为电机工程师的香农和韦弗最早致力于研究两个机器之间如何沟通交流。在他们的研究过程中,他们提出了一个模型并据此指出,信息在传播过程中并不受限于人们的意识活动(如解释);信息发出者对信息进行编码,之后信息经由一个完全中立的、对信息本身不会施加任何影响的渠道,传递给信息接收者,然后信息接收者再对信息进行解码。在信息传递过程中,一切对信息有影响的事物和现象均被视为传播的

---

① 孙英春.跨文化传播学导论[M].北京:北京大学出版社,2008:17.

噪声。

在香农和韦弗看来,信息发送者和接收者共享同一个符码(shared code),这个符码脱离语境而独立存在;因而无论传播活动生成的语境是什么,信息接收者面对该符码时,只能采用唯一一种,即正确的解码方式来与信息发送者交流。根据香农—韦弗的传播模型,语言的本质是一套由规则(如语法)所构成的符码体系(code system)。一个人所传递的信息只有在具备逻辑一致性并且(或者)可以通过实践得以检验的时候,才会具备意义(meaning);否则就会被视为噪声。

如果在这里套用霍尔(E. H. Hall)提出的高低语境概念,可以认为香农—韦弗传播模型所描述的传播可以是一种低语境传播,在这个传播过程中,所有的信息都被包含在清晰的编码之中,力求意义的准确清晰,极力避免含义不清,表意不明(图 1-1)。

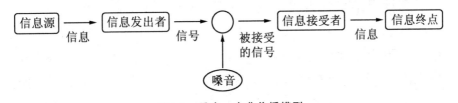

图 1-1 香农—韦弗传播模型

(资料来源:艾瑞克·克莱默(Eric Mark Kramer)、刘杨,2015)

不同于还原论将形式和内容区别对待的做法,相对论认为形式与内容不可分离。因此,传播这个举动本身不仅在传递语义,同时也作为一种语义而存在。正如麦克卢汉(McLuhan)所言,媒介本身即是信息。

人们从比较诠释学(comparative hermeneutics)汲取灵感,将语言传播视为一个比编码和解码更复杂的传播现象,进而对语言和传播之间的关系进行深层次的探讨。有很多语言学家坚持认为,人们在使用语言的同时,以语言为载体,可以在文化和社会心理层面表达自己的身份以及自己与他人的关系。当诸如文化、历史、阶级、教育及其他语境维度被我们纳入考虑范围,而且当这些语境被认为对一个信息的含义至关重要的时候,我们就以这样的方式对诠释学进行了实践。正因如此,诠释学趋向于相对主义,而包括认知主义和笛卡尔语言学在内的分析性哲学则倾向于把信息的含义分解成一种客观的信息输出,并认为决定这种信息输出的是语法结构而非具有感知能力的主体。

对信息进行系统分析的最早尝试就始于诠释学。尽管马丁·海德格尔(Martin Heidegger)、路德维希·维特根斯坦(Ludwig Wittgenstein)和约翰·奥斯丁(J. L. Austin)等学者,因将语言理论化为我们的存在方式(mode of being)而备受赞誉,但实际上其他许多学者也持类似观点。例如,古希腊的伊索克拉底(Isocrates)认为,人们思考的载体是文字,因此一个人对语言的驾驭能力越高,这个人就越聪明。伊索克拉底的这个观点时至今日被有些学者称为"认知复杂性"(cognitive complexity)。

理性思维早在古希腊时期就已出现。随之出现的还有人们对线性思维(linear thinking)以及书面语言(written language)的推崇。更为重要的是,当时针对传播行为还出现了一种全新的批判态度,这种批判态度高度赞扬把权力和语言使用结合起来的实用主义。西方世界第一个学术机构由伊索克拉底创立。伊索克拉底教育年轻人如何进行充满智慧的、饱含自信的并极具说服力的讲演,从而依仗他们习得的知识,逐渐成为他们各自城邦中手握权力之人。

事实证明,伊索克拉底传授的这些知识的确帮助很多人获得了成功。当时古雅典的大部分政治领袖和军事领袖都是伊索克拉底的门徒。因此,现代社会语言学对语用学(pragmatics)极为重视,认为语言有一个很重要的社会维度,即对于语言在口音、方言、语法以及所使用词汇复杂程度方面的价值判断,可用于衡量说话者的地位,并对他们在经济、社会和政治等领域内获得利益、地位和声望产生着绝对影响。

社会语言学家约翰·尼斯特(John Nist)总结了三种语用风格,并指出这三种风格在人们交流沟通过程中会产生很大影响。

根据尼斯特的分类,这三种风格分别是上层语用风格、标准语用风格和下层语用风格。在尼斯特看来,世界上的每种语言都包含一种上层语用风格。这种风格的讲话方式最为体面,使用者大多受过良好教育,并在社会文化体制中占据一定的优越地位。

标准语用风格被认为是一个地区所特有的标准话语风格。下层语用风格通常为社会底层阶级所使用,而且普遍被排除在标准话语风格之外。使用下层语用风格的人们通常缺乏教育,而且在社会文化体系中地位较低。尼斯特认为下层话语风格的出现与其使用者词汇量有限以及教育缺乏有关,因此他们使用语言的能力和灵活性非常有限。

综上可以看出,话语风格不仅仅是评价、衡量一个人的重要指标之一,同时也是一种社会权力的体现。身处上层的人们往往拥有丰富的词汇,使他们在面对诸如技术、文学、商业和教育活动等正式场合的时候,可以自如充分地使用这些场合所要求的话语风格。

这些使用上层话语风格的人们擅长在不同表达方式中进行切换。然而处于下层的人们,由于缺乏丰富的词汇和灵活的语法运用能力,常为自己相对较弱的阐述方式感到沮丧。这些人在应对上述场合的时候,或许会显得力不从心;而且相对于使用标准话语风格和上层话语风格的人们而言,他们也不太具备区分不同语言含义的能力。

如果文化即传播,那么什么是"传播"呢?传播仅限于文字形式吗?当然不。那么它是在两个或多个人意见达成一致的时候出现的吗?也不是。即使两个人就同一个标志、符号或信号的含义理解发生分歧,传播也会发生。那么只有当一个人试图表达的含义为另外一个人所理解的时候,才会出现传播吗?答案也是否定的。

中国人常说"有所为,有所不为"。在传播学这个领域,已经有研究证明我们的"为"与"不为",对于他人而言都存在一定的含义,而且我们所希望传递的含义与对方实际领会的含义未必相同。那么，传播是一种行为吗？回答依旧是"不"，因为强有力的信息依然可以在没有任何行为存在的情况下传递出去。

（一）非语言传播

根据言语行为理论，说话者说话时可能同时实施三种行为：言内行为、言外行为和言后行为。人的外貌作为一种言外行为也可以传递一定的非语言信息。虽然不同文化对于美的界定和理解有所不同，但是有研究表明在每个文化体系中，那些被主流审美界定为漂亮的人们，比其他相貌一般甚至容貌丑陋的人更善于社会交际，拥有更为娴熟精湛的社会交际能力。

数据显示，出现这种差异的原因可能在于人们面对漂亮的宝宝和不漂亮的宝宝的时候，表现出的态度截然不同，而这种截然不同的态度会影响人们在婴幼儿时期就已经开始的个性发展。那些自小容貌出众的人，从婴幼儿时期开始就因为自己的外貌而不断获得周围人的称赞。这些称赞会使得他们坚信自己对其他人的吸引力，久而久之他们更容易形成自信、乐观的个性，也更愿意与其他人相处，最终可以娴熟地掌握社交技巧。

相比之下，自小长相平平甚至容貌丑陋的人，因为无法获得太多关注，所以可能没有太多机会开展社会交往，更无法拥有娴熟的社交技巧。之前我们只是简单地认为容貌出众的人更自信，但上述这些研究不仅证明了这个结论的正确性，更深刻地指出这种差异背后的原因并非那么简单。

上述这个例子所表达的重点是：个性、社会和自我认同的形成，至少部分是由社会决定的。自我以及更大范围内文化环境的社会建构建立在传播的基础上。即使动人的外貌、气质和个性的形成包含"自然"或"遗传"的因素，但它们至少部分程度上也是社会文化交往，即传播的结果。下面来看看其他的非语言传播形式对人们沟通交流的影响。

1.副语言学

副语言（paralinguistics）不同于语言学。前者着眼于研究话语的音量、音调、节奏、表达方式、重音等内容，而后者则侧重研究词汇。副语言现象常常用以表达人们的情绪和态度。说什么、如何说以及如何依据语境恰当地使用语言——这三者之间的差异构成了词语隐含喻义（figural meaning）和字面含义（literal meaning）之间的区别。

对于旅居者（sojourners）而言，语言能力包括对大量词汇的掌握和语法的灵活使用，可这些能力不足以帮助他们开展有效的传播活动。要成为一个良好的沟通者，我们必须熟悉如何恰当地使用一种语言的副语言。例如，结束一天的课程学习之后你回到自己的寝室，然后看到你的室友坐在自己的书桌旁。刚步入寝室，你跟你的室友打招呼："今天怎么样？"你的室友还是坐在桌边，背对着你回答说："不错，还行吧。"根据你室友回答时候的语气和音调，你可以判断你室友的回答就是他（她）内心的真实体现，他（她）今天过得不错；或者从他（她）大声的并带有厌恶之意的回答中，你可以猜测实际情况恰恰相反，他（她）今天过得并不顺利。只有当我们熟练掌握一种语言的副语言之后，我们才能准确地使用语言，给出恰当的回复。

在使用非语言和副语言与他人交流的过程中，表达出来的字面含义与想表达的实际含义之间的不一致，往往会造成人际传播中的困惑。戏谑、嘲讽、幽默和其他的语言使用方式，完全取决于讲话者对不同语境下的语言使用规则以及副语言中不同重音使用方式的了解，而这些知识很难以课堂形式进行传授。对非语言以及副语言的熟悉是文化素养的组成部分，其中就包括如何在语法规则之外恰当、正确地使用语言。只有生活在一个语言所产生的真实环境中，我们才能真正习得这些副语言规则。仅仅掌握这个语言本身不足以开展有效的沟通和传播。这也是美国人不能真正领会英国喜剧之精髓的原因之一。

2.姿势

姿势以不同方式提示人们空间的存在。两个人见面如何相互致意,以及在讲话时如何通过姿势进行强调,这些在不同文化中有着不同的表达。美国心理学家保罗·艾克曼(Paul Ekman)和华莱士·法尔森(Wallace Friesen)通过研究,对人们不同的手部活动以及面部表情进行分类。他们提出五种用以沟通的非语言行为。

第一种类型称之为象征动作(emblems)。象征动作在口语中有其对应的翻译,而且对一个特定的社会群体而言具有明确的含义。象征动作经常被用来就某一个信息以慎重的方式进行沟通。例如,"竖起大拇指"这个标志,对军事飞行员而言表示一切正常。

第二种非语言传播行为叫调适性动作(adaptor),它用来舒缓身体的紧张,如神经抽搐或绞手。

第三种非语言传播行为叫调整性动作(regulator),它被用来调整、协调和控制人与人之间的讲话次序和说话速度。在艾克曼和法尔森所界定的所有非语言行为中,调整性动作在本质上或许是最具文化特性的一类非语言传播行为。正因如此,调整性活动成了跨文化传播在非语言领域内含义最为模糊、引起问题最多的非语言传播行为。调整性活动的一个例子就是眼神交流(eye contact)。在一些文化中,目光接触被认为是一种礼貌的举动,但在另外一些文化中,同样的动作则可能被认为具有攻击性,甚至可能引发对方愤怒的质疑,如"你在看什么?"

第四种非语言传播行为是情感表露动作(affect display),这类非语言传播行为所传递的含义或许放之四海而皆准。情感表露的非语言行为展示着人们的感受和情绪,如痛苦表示悲伤,爽朗大笑表示高兴。

第五种非语言传播行为被称为说明性动作(illustrator),这类非语言传播行为所传递的含义往往根植于特定文化,因而在跨文化传播中容易引起误解。说明性动作常常伴随讲演或发言出现,以一种非语言的方式解释说话者的真正意图。这些非语言传播行为中与文化最为相关的就是象征动作、说明性动作和调整性动作。相比之下,调适性动作和情感表露动作普遍都能为人察觉,可能根植于人的本能反应。

3.意义丰富的沉默

沉默通常意味着事件本身的含义并不简单,而这点却往往为人所忽视。在我们看来,沉默通常意味着困惑,或者需要一点时间通过倾听以收集更多信息。现代西方文化认为沉默可能会带来更多的含糊不明或歧义。与之相反,非西方文化对含糊不明或歧义更具包容性。这或许可以解释为什么现代西方文化如此执着于传播本身以及信息学。西方跨文化传播学理论把不确定性等同于焦虑,这反映了现代西方文化对含糊不明或歧义没有太多的包容。很多传播学文献都表达出这样一种带有偏见性的西方观点:相对于少言寡语的人,滔滔不绝之人的思维更为缜密,所用措施也更为得体优雅。

俗话说"静水流深",这句话意在强调少言寡语之人勤于思考,而非专注于讲述。这类人的传播活动通过倾听实现,在倾听的同时思考观点和观察之间的种种关系。另外,很多非西方文化会通过使用沉默不语表示尊重。例如,对一些美国土著居民而言,在谈话出现话轮转移(turn-taking)的时候,他们沉默不语,为交谈的另一方留下充裕的思考时间,让他们仔细思量自己刚才所说的话,补充或者彻底结束他们想要表达的内容。在这种情况下,沉默体现了这些土著居民对谈话对象的尊重。

沉默有助于很好地整理思路、集中注意力。正因为这个原因,所谓能言善辩与复杂认知能力之间相关,或者沉默等同于"高语境"这样的论断就并非一定正确。根据霍尔的研究,当一个信息的大部分含义都源于它生成的语境的时候,这类信息就被称之为"高语境信息"(high context)。正因如此,霍尔认为身处同一群体的成员,彼此之间拥有共同的认知和经验,因而他们彼此之间的交流沟通不需要借助太多的有声语言。有时候仅仅点头或交换眼神,他们就知道彼此想表达的含义。这种情况就是高语境传播的要点所在。与高语境传播相对的是低语境传播。这种传播形式意味着从语境中我们不能获得很多信息。相对于高语境信息,低语境信息更为冗长具体。身处高语境的传播者倾向于用极少的有声语言表达很多的含义。因此,高语境传播被认为比低语境传播更富效率,所含内容也一目了然,无须更多语言进行解释(图1-2)。

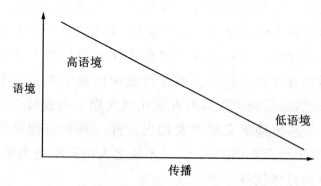

图1-2　高语境传播与低语境传播

(资料来源:艾瑞克·克莱默(Eric Mark Kramer)、刘杨,2015)

　　然而,实际情况有时未必如此。相反,高语境传播者和低语境传播者之间风格的差别可能更多地源于人们对于含糊不明或歧义的包容度。对含糊不明或歧义的包容能力意味着身处一个特定传播语境中的沟通者,即使面对该语境中残缺不全的信息,也依然能与人自如地开展沟通交流。斯坦利·巴德奈(Stanley Budner)在其研究中指出,对含糊不明或歧义的低包容度反映了这样一种观点:这种含义含糊、带有歧义的情况不受欢迎甚至具有威胁性。

　　这些研究认为当人们遇到不确定的情况时,一定会变得忧心仲仲,焦虑不已。美国宾夕法尼亚大学的查理斯·斯莫克教授(Charles D. Smock)指出,我们对含糊不明或歧义的看法决定了我们会寻找什么样的信息(Smock,1955)。如果我们缺乏对含糊不明或歧义的包容,那么我们就会倾向于把自己的第一印象作为判断陌生人的基础。这往往导致先入为主式的判断。而且对含糊不明或歧义缺乏包容的人,倾向于寻找更多的信息以强化他们之前所信奉的观点。相反,那些显示出很好包容力的人们,则倾向于慢些做出结论,而且更愿意推迟做出判断的时间,以便收集更多的信息。尝试以更快速度收集信息的做法,也是一种对含糊不明或歧义缺乏包容的表现。

一般来讲,一个人解释得越多,他(她)所表达的含义就越明确,不会产生含糊不明或歧义。一个篇幅长、细节多的解释,往往包含大量信息,这些信息塑造着这个解释所要传递的含义。我们现在生活的这个世界包含许多不同的社会环境,具有很大的社会流动性和地理流动性,为我们提供四处旅行的机会,为每个个体提供种类繁多的工作。

生活在这样的世界里,我们的传播活动需要尽可能地避免含糊不明的含义,降低不确定性,提高准确性。这种对信息的详尽阐述就是一种限制不确定性、减少含糊不明的努力。因此,低语境传播与需要阐述的符码(elaborated code)的使用高度相关。与此相对,高语境传播中所使用的符码就不需要太多阐释。

(二)语言传播

相比非语言传播,我们对语言传播更容易开展自我监控(self-monitor)。正因如此,我们才会在关注自己口头表达内容的同时,忽视了自己释放出来的非语言信息。同样我们也会更关注我们说了什么而非我们如何去说。我们遵循一致的语言规则以及副语言规则。例如,当一个人生气的时候,他(她)说话音调升高,音量增大。与语言传播相比,副语言现象更依赖我们的先天条件。

副语言现象是人们表达情感的基本形式,而以语言为载体的沟通现象则更倾向于帮助人们开展诸如说服和辩论等富有技巧谋略的行为。如果没有这些语言及副语言使用的规则,人与人的交往也会变得毫无意义。人类社会的黏合剂就是所有社会成员所共享的社会脚本(social scripts)或者行为方式,其中包括言语方式(方言、行话、俚语、交谈中话轮转换、得体适宜的幽默等)、期待、价值观和信仰。但是,语言(有声语言以及无声语言)所包含的内容比上述黏合剂更为丰富。语言同时也是大家所共有的一种思考方式、看待世界的方式以及一种对世界共有的体验。这个为大家所共享的世界是群体组织存在的基础,它同时也是一种为大家共享的意识。

对语言的掌握使得人类可以就某一事物或现象进行思考,而且这种思考会影响我们对这种事物或现象的理解。早在萨丕尔和沃尔夫之前,就有很多神秘主义者认为,借助语言形成的期待和偏见会损害我们对事物或现象的洞察力。因此,这些神秘主义者认为语言会歪曲我们对事物或现象的理解。作为语言最正式的形式之一,语言文字变成了塑造现实的教义所在。语言文字赋予我们思考能力的同时也限制了我们的思考,使得我们不能真正看清我们身处的这个现实。

让我们用一个与汽车有关的比喻来进一步阐述上述观点。没有汽车,驾驶就无从谈起。正是汽车的存在使得驾驶成为可能。汽车是驾驶这个动作的必备条件,但仅凭汽车本身的结构,无法实施驾驶这个动作。同时,汽车的这种固定结构也决定了它只能用于路面交通,不能用于飞翔。所以我们可以说,汽车虽然赋予了我们行动的能力,但同时也限制了我们行动的能力。语言作为一个体系,不仅仅指我们所用的词汇。语言赋予我们表达的能力,但同时也塑造着我们的表达,使得我们的表达可被别人分享。结构化(structuration)限制了表达的自由,同时也使得表达成为可能。一个人不可能随意发出一串噪声或咕噜几下,就期待这些声音可以被其他人理解。

结构是含义的先决条件。正如维特根斯坦指出的那样,仅供一个人使用的语言并不存在。语言就如同具备规则的游戏一样,既限制一个人能说什么,也使得此人所说的内容能被其他人所理解。与国际象棋这种游戏相似,想参与游戏的人不可能一边忽视游戏规则,一边却期待自己可以参与其中。这也就是为什么象征性动作、说明性动作和调整性动作这几类非语言行为究其本质都需遵循一定惯例。有人或许会说只要非语言动作具备含义，那么这些动作也受制于一定语法。但是不同的语言就如同不同的游戏，有着不同的言语组织规则。如果这个论述所说属实，那么既然不同语言有不同的语法规则和语义结构，那么讲不同语言的人所处的世界，一定有所不同。

人们以不同的社会文化和语言为透镜打量审视他们生存的这个世界。社会文化以及语言之间的不同也影响着世界在人们面前的呈现方式，同时也影响着人们如何看待这个世界。例如，生活在中世纪欧洲的人们认为天空是一个巨大的拱形天花板，在这个天花板上有很多小孔，天堂中灿烂夺目的光线就是通过这些小孔（这些小孔就是恒星）倾泻下来，照耀着世人。但对于 20 世纪晚期的人而言，恒星就是在真空的宇宙空间中，持续发生核聚变的球体。身处中世纪的欧洲人深信这些在夜空中闪烁的物体是神圣秩序的一部分，它们处于一个由神统治的巨大架构中。神注视着世人，并按照道德律对他们的所作所为进行评判。可对现代人看来，宇宙是一个无穷无尽的，很多空间是没有生物存在的。在这个空间，不存在道德判断，也没有道德律。由于对宇宙看法的不一致，中世纪欧洲人和现代欧洲人也是以不同的方式看待他们自己。

（三）协同进化式传播

上文已经讨论了语言传播、非语言传播和语言的相对性。现在开始探讨这三个领域的发展演变过程。整体而言，这三个领域出现于任何一种使生态需求得以满足的接触过程。提到接触，可能最先想到的就是我们与其他人之间的接触，但是像贾德·戴蒙（Jared Diamond）这样的著名生物学家认为，所有文明的起伏都是基于它们与其他人、植物和动物的融合。这种生态一体性形成了我们的文化基础。

人类是一种有着极高想象力、移情能力和合作力的动物。

人类之间彼此结盟,同时与其他动物、植物为友。狗的嗅觉远在人类之上,所以在很久之前狗就成了人类打猎时候的最佳伴侣。狗曾用来为人类追寻和捕食猎物,这一动物或经挑选,或直接引入,从而进入我们的传播领域和社群组织。狗就是这样进入了我们的生活,并成为我们生活中一分子。狗这些早期为猎人负责采集猎物的动物与狼有很多相似的地方,它们都是社会化动物,分享同一片聚集地,捕猎同样的猎物。狼和人类逐渐开始了合作。狼允许它们自身被人类挑选。合作的回报就是人类吃剩的食物,这种方式远比狼自己出去捕食容易得多,渐渐地,狼也把单个的人认同为"我们",并把人类的村庄和垃圾场视为自己领地的一部分。人类彼此之间形成了极具凝聚力的合作关系。社会凝聚力更多的是建立在合作而非竞争的基础上。

一段关系可能始于询问探究,然后慢慢发展为友谊。友谊具有共生性。当两个有机体相互帮忙以求生存并为了实现一定的目标,共生(symbiosis)就出现了。这意味着这两个有机体相互依存,而这种依赖关系的含义非常重要。对有机体如何影响彼此之进化的研究被称为协同进化符号学。人类与植物之间、植物与植物之间、植物与动物之间、动物和动物之间、动物和人类之间、人和人之间遍布这种传播形式。从生物学上讲,协同进化意味着一个物种特征产生的时候,另外一个物种的特征也产生一定变化,以呼应之前物种发生的变化,反之亦然。但是协同进化也存在一种语义形式,借此两种不同物种利用信号来彼此帮助。

例如,人们在红海中发现,石斑鱼和海鳗并肩携手,一起捕食猎物。海鳗身长可达 10 英尺(1 英尺＝30.48 厘米),一般在夜间捕食。它一般在岩石和珊瑚的裂缝和缝隙中寻找食物。石斑鱼一般可以长至数百磅,它不同于海鳗,更喜欢白天猎食,而且无法在缝隙中寻找食物。生物学家雷多安·布沙里(Redouan Bshary)及其同事的研究重点是清道夫鱼类和它们"客户"之间的共生关系。这些所谓的"客户"是一些体积较大的鱼,它允许清道夫鱼进入它的口腔,帮它清洁牙齿。布沙里和他的同事们在一份研究中观察并记录了石斑鱼接近海鳗,意在唤醒后者,使其带领自己去捕食隐匿在缝隙中的食物。

布沙里和他的同事在观察中发现,在猎物逃离缝隙之后,一些石斑鱼就会靠近大型海鳗,"雇佣"他们去帮助自己猎食。石斑鱼会在距离海鳗头部大约一英寸的地方,来回摇晃自己的头部。有的时候,石斑鱼甚至会采用倒立的姿势,在猎物藏身的地方摇晃自己的头部,以吸引海鳗注意这个地方。捕猎结束以后,石斑鱼和海鳗依次享用捕猎到的美味。在这个研究之前,这样的合作捕猎仅在哺乳动物与鸟类以及哺乳动物之间发现过。由于石斑鱼和海鳗行为的多变性,布沙里相信这种合作捕猎的行为是后天习得的,而非与生俱来的反应。

协同进化是发生在两个不同物种之间的一个充满沟通和对话的过程。同时,协同进化也是一个辩证的过程,在这个过程中信息经由一个物种发出,再被另一个物种接受。协同进化同样也适用于两个人或两种文化之间的对话,用以解释对话双方如何彼此相互学习,进而相互改变对方。然而,对话双方之间的信息,可能对参与这次对话的交谈者而言有着不同含义。例如,一个浆果的颜色和气味对于小鸟而言可能意味着食物,但对于植物本身而言,这个被传递出去的信息则意味着播撒种子。

小麦和人类之间的关系,是不同物种之间协同进化的一个很好说明。经过数千年的种植,小麦对人类而言,实用性与日俱增,同时小麦借助人类,将种子播撒到世界不同的地方。因此,小麦成了数千百万人日常饮食的主要来源。随着小麦逐渐演变成一种产量越来越高的食物来源,人们的饮食也随之发生变化。小麦与人类饮食都发生了改变,也都走向了繁荣。每个物种都受益于其他不同物种,彼此之间相互影响改变着对方。鸟儿和植物、真菌和植物以及细菌和人类之间,也是这种共生的协同进化关系。这些不同物种存在于同一个关系之中,他们彼此沟通并在沟通过程中改变着彼此。

所有的传播,一切的交往,都具备协同进化的特质,因为参与其中的每一方都以一种协商的方式影响着另外一方。这种交往互动致力于交流双方相互受益,同时也往往出现交流双方对交流含义的主导权展开争夺。这就是合作伙伴关系的本质。这种关系是一种协作增效(synergistic)的关系,这意味着整体大于各部分之和。

从上述故事中,可以体会到合作伙伴关系中各部分之间的汇集与融合。美国哲学家肯尼斯·伯克(Kenneth Burke)提出的"同体认同"(consubstantial identification)的概念有助于我们理解这个过程。在协同进化过程中,两个或者更多有机体共享一个符号体系;这个符号体系使得他们可以分享并协商传播的含义,形成手段或方法,分享同一个场景、行为和目的。但这种共享并不意味着这些有机体一直处在平等的位置。领导地位彰显一段关系中的主导与从属。即便是在组织结构最严密、成员之间最平等的团体内,也存在领导和从属者两种不同的地位。

如果要讲述一个故事,就不能不提这个故事涉及的所有人物的活动情况。这些不同角色在这段关系中共享一个场景,拥有同一个目的,使用同一个符号体系,依赖同一种手段。在共处的这个过程中,每个角色都在设法获得其他角色的服从。如果一个人太残忍,跟他共处一段合作伙伴关系的动物将会逃开。同样,如果动物不配合这个人,那么这个人也会弃动物而去。人与动物之间必须存在一种共同的语言,这种语言通过获得服从、实现共同期待来发挥作用。而符号互动(symbolic interaction)就包含在其中。符号互动需要规则。

二、传播的系统要素

传播的系统包括信息、编码与译码、媒介、反馈等要素,这些要素相互联系、相互制约,使传播本身具备了鲜明的动态性和结构性特征。

（一）信息

信息指在特定时间、状态下，向特定的人提供、传递与特定事实、主题以及事件相关的知识。

信息一般有以下三个特点。

（1）信息与现实中的事实息息相关，而且借助一定的载体形式得以呈现。

（2）信息处于流动过程中，被相关的信息接收者所分享。

（3）信息与环境存在密切的关系，信息是在特定环境下发出的，环境包括社会环境、自然环境、身体状况或心理情况，信息的意义与被理解也与这些环境因素有关。

（二）编码与译码

传播是通过信息编码和译码来赋予意义的一种过程。"编码（encoding）是通过媒介技术手段把思想、感情、意向等编成别人可以理解的传播符码；译码（decoding）则是将从外界接收到的传播符码进行破译、赋予意义或进行评价的过程。"[①]

编码与译码往往是约定俗成的，流通于特定的群体与文化中，跨越文化的边界之后，则会出现跨文化传播。

（三）媒介

媒介也可以称为"渠道""信道"，是传播方式、传播手段或传播工具的具体化。在传播过程中，各种信息的传递均要借助一种或一种以上的媒介。

在跨文化人际传播中，传播媒介一般是人本身——人可以通过自身，接通与他人之间的情感、思想，确立人与世界的关系。

随着科学技术的发展，人类传播信息的媒介越来越多样化，

----

① 孙英春.跨文化传播学导论[M].北京:北京大学出版社,2008:21.

效率也有所提高,一种信息往往能借助多种媒介进行传递。

跨文化传播研究主要关注不同文化、国家的传播媒介的差异及文化特色,以及不同文化、国家对同一媒介的运用方式和偏好。

(四)反馈

传播中的反馈指的是信息产生的结果返回到信息发出者的过程。反馈是对传播效果进行检验的主要尺度,对于播者当前和未来的传播行为具有重要的修正作用。

控制论原理认为,反馈指"把给定信息作用于被控对象所产生的结果再输回来并对信息的再输出产生一定影响的过程"(孙英春,2008)。反馈有正反馈与负反馈之分。

正反馈指新的数据库在肯定的意义上转化和简化了最初的数据,使整个系统得以增长。

负反馈指新的数据库推翻了原有的数据,促使系统进行调整。负反馈对于系统的平衡与稳定的维持起着重要的作用。

在面对面的人际传播中,若信息接收者对发来的信息不理解,可以立即将不理解的结果返回发送者,发送者对传播中的缺陷做出及时修正,从而在一定程度上提高人际传播效率。

在跨文化传播中,彼此之间的文化存在极大的差异,在这种情况下,多方面、多渠道的及时反馈更重要。个体对周围的环境越熟悉,负反馈信息越准确。需要注意的是,如果身处异文化环境时,人们常常感觉无所适从,负反馈功能往往不能得到正常的发挥。

第三节 中国传统文化对外传播的价值

一、引领中国历史征程新跨越

对于中国未来发展道路的规划,依然要走符合时代特征、中国特色的发展道路,始终高举中国特色社会主义的大旗,基于中国国情的现实进行理论与实践创新,走出一条符合中国国情的现代化道路。经济和文化两条路子要协同并进,始终保持两条腿走路,在财富积累的同时进行文化体系的重构。

未来中国的发展之路应当注重文化发展。文化是支撑国家发展的动力,是一个民族的精神支撑。中国的文化连续不断,可以说是世界上最优秀的文化之一。中华民族屡次经历痛苦的历史,尤其是近代以来,百年的民族苦难让这个古老的民族千疮百孔,但是中国人从来都没有被打倒,苦难的抗日战争也没有打垮中华民族的脊梁,中国人民反而重新站立起来,塑造了一个新的世界。

中国近代史发展表明,文化内涵彰显的精神力量始终是支撑中华民族脊梁的关键所在,中国文化熏陶下的中国人民百折不挠,坚强勇敢,因此中国文化有其独特的魅力。中国"大国崛起"之路,不仅要展示强劲的经济发展生命力,更重要的是勇敢展示中国文化的内涵美,以中国优秀传统文化为自豪,侧重于中国文化在全世界范围内的传播,将中国文化引入世界文化中。

二、民族复兴的前提与归宿

文化是维系民族传承的关键,文化是一个民族连续发展的密码,只有保留民族文化才能让民族创造一个又一个的奇迹。中国在 5 000 年的历史中创造了独特的华夏文明,华夏文明的精髓就是不屈不挠、不畏强权、艰苦奋斗。正是拥有这样的优良品质,中华民族虽历经磨难,却一直永葆活力。

(一)民族复兴是文化复兴的必然体现

文化是国家的根本所在,文化不仅仅影响民族在全球化体系中的个性,同时决定了民族自信心的强弱。中国文化是承载全国各族人民的精神纽带,在这条纽带的连接下,全国各族人民都在中国共产党的领导下,创造着更加辉煌的民族复兴之路。中国在恢复大国民族自信的同时发动了文化复兴运动,推行文化的内在统一性,以自己的核心价值观和国家软实力为世界文明做出贡献。

当前中国是一个经济大国,是一个兼容并包的文明古国。古代中国孕育了源远流长的文化传统,丰富的文化也直接影响了周围国家的文化发展,继而在全世界范围内形成文化影响力。因此,从全球角度来看,中国的"大国"崛起是文化的最终崛起,其文化内涵应当更具有国际影响力,其科技创新应当走在世界的前列,引领时代发展的新潮流。

(二)文化复兴要置身于"全球化"的语境

中国应当注重自身的文化身份问题,要始终保持文化的独立性和独特性,强化对文化主权的维护。尤其在当前文化全球化的背景下,西方文化对年轻一代影响深远,中国文化面临着最严峻的挑战。基于这样的背景,中国文化要保持自身的文化属性和价值。中国要将文化价值的核心作为文化建设的重点,强化本国人民对于民族文化的觉醒,重新举起民族文化崛起的大旗,将曾经丧失的文化自信重新拾回。

中国未来发展之路要重视价值的重塑和信仰的培养,认识到世界环境下中国文化认同的危机感。强化民族文化认同要在文化自觉性上做文章,强化群体的文化认同感。经济腾飞能够带动财富增长,文化腾飞能够带来精神强大,摆脱外国文化对中国文化的冲击,在国家竞争中开展软实力竞争,强化本民族文化在世界范围内的影响力。

随着中国经济实力的增强,越来越多的外国人开始了解中国文化,同时中国出现了一大批带有中国古典文化特色的名人,这些人以自身的行动来推广中国文化,将中国文化带入更加广阔的世界中。改革开放以来,可以看到中国和外国的合作显著增加,在全球范围内弘扬中国文化具有很强的现实意义。

第二章 翻译概述

受经济全球化趋势的影响,中西方交流已经渗透至社会的各个领域,所以翻译也成了人们日常生活中的重要内容。中西方的语言和文化均有一定差异,所以翻译作为语言和文化转换的媒介也发挥了较大的作用。本章集中对翻译的定义、过程、分类、原则,以及译者的基本素质进行概述。

第一节 翻译的定义与过程

一、翻译的定义

翻译是一种有关人类交流的活动,即借助语言符号进行文化传播与交流的活动。在人类发展的历史进程中,翻译始终发挥着促进文化传播的重要桥梁作用。尽管翻译活动由来已久,翻译研究的历史也很长,但目前翻译的定义仍然没能统一。表 2-1 是中外翻译理论家提出的比较有代表性的观点。

表 2-1 翻译的定义

翻译理论家	主要观点
美国翻译理论家奈达 （Eugene A. Nida）	翻译是从语义到文体用最贴切、最自然的对等语在译语中再现源语的信息
英国学者卡特福德 （J. C. Catford）	翻译是将一种语言的话语材料与另一种语言的话语材料进行等值的替换

续表

翻译理论家	主要观点
美籍俄裔语言学家雅各布逊（Sager Jakobson）	翻译不只是语义的转换，它还涵盖了整个交际系统。这是从符号学角度对翻译的理解
苏联翻译学家费道罗夫（Fedorov）	翻译就是用一种语言把另一种语言在内容与形式不可分割的统一中业已表达出来的东西准确而完全地表达出来
张培基	翻译是运用一种语言把另一种语言所表达的思维内容准确而整体地重新表达出来的语言活动
谭载喜	翻译是把一种语言文字的意义用另一种语言文字表达出来的过程，它主要是一门技术，同时具有许多艺术的特征。谭载喜主要强调了翻译的技术性和艺术性

（资料来源：武锐，2010）

二、翻译的过程

（一）理解

译者要想表达原文的意思，必须先对原文有充分的理解。如果译者对源语文本不能进行完整、准确、透彻的理解，就无法用译语传递原文所蕴含的信息。可见，在翻译过程中，理解是一个关键的环节。然而，理解却是翻译过程中比较容易出现纰漏的过程。通常，译者在理解过程中需要完成如下几个任务。

1.分析源语文本的体裁

译者要想理解源语文本，应该先辨识文本的体裁。因为语篇不同，应该采用的翻译方法也不同，如文学翻译要求译者在翻译的过程中具有创新意识，商务翻译对信息的准确性要求较高，所以分析源语文本的体裁是极为重要的。对源语文本的体裁分析好之后，也就意味着了解了源语文本的文体风格，此时译者就可以思考译语文本应该采用的文体风格。

2.分析文化背景

因为翻译具有跨文化交际的性质,所以译者必须熟悉两种文化在政治、历史、经济、科技、风俗习惯等诸多方面的差异,这样才能准确理解与表达原文,从而避免文化冲突的发生。

3.分析语言现象

译者在翻译过程中还必须围绕语言现象进行分析。具体来说,语言现象涉及语音、语法规则、词汇构成等层面,还包括语义的层面,如一词多义和多词同义等。

4.分析逻辑关系

每种语言均是对思维的反映,是实现思维、传达思维的工具,思维则是逻辑分析的方式。既然翻译是跨语言的转换活动,那么它就属于语言逻辑活动。逻辑贯穿于翻译的整个过程,译者除了要通过逻辑分析来理解原文,还应通过逻辑方式来表达译语。语言表达不应仅仅合乎语法规则,还应合乎逻辑,否则表达就失去了意义。

总而言之,要想准确地理解原文信息,译者必须对以上四个方面加以分析。

(二)表达

表达是用译语转换源语的过程。译语表达得是否精准,在很大程度上取决于译者对源语文本的理解以及译者的双语语言能力。在多媒体网络环境下,新型经济的发展以创新为驱动,而创造性思维作为一切创新成果的源头和内核更是重中之重。余光中(2002)先生指出,"翻译的心智活动过程,无法完全免于创作……一位译者必须斟酌上下文的需求,且依赖他敏锐的直觉。这种情形,已经颇接近创作者的处境了。"因此,翻译也是一种创作,至少是一种有限的创作。译者的创造性思维表现在译者认识到翻译难点,然后通过灵活运用语言内和语言外知识,全新地组织语言并形成恰当的译文。创造性思维的关键特色在于"奇"和"异"。具有较大难度的政论文本翻译更需要创造性思维的参与。

因为英汉语言具有不同的特点,并且具有各自的文化。基于此,译者在翻译时必须跳出源语文本的形式框架,用另一种语言来表达源语文本的语义,进而在双语文本之间找到共享结构,此过程就需要创新思维。译者只有具备创造性思维才可能突破各种壁垒,使文化因子在交流双方之间进行流畅的转换。创造性思维的发挥恰好可以解决此类翻译问题。

总之,创造性思维既贯穿对源语理解的过程,又参与译语表达的过程。创造性翻译可以通过重新表达加以实现。所谓重新表达,是指当源语文本中的语言结构所表达的意义无法在译语中找到对等的语言结构来表达时,译者就要结合整个源语文本和自己的各种知识,在译语中创造与源语文本中意义对等的新的语言结构,这就需要通过创造性思维的发挥来摆脱源语结构的束缚。实际上,文化输出中的对外翻译需要考虑国外读者的接受反应,不应仅强调"忠实"于源语文化而忽视译语接受者的感受,其会对文化输出的质量和效果产生影响。因此,变译、改写等翻译策略有时更利于实现文化交流的目的。而在政策性短论的对外翻译中,其中看似普通、大众的语言表达实际上是创造性思维辅助的结果。

(三)校改

翻译是一种需要译者的耐心、理想主义精神的认知活动。在翻译过程中,译者不可因为对某方面的翻译材料较为熟悉或者有着丰富的翻译经验而出现轻视态度,反而应该坚持精益求精的行为准则,以便为读者译出最理想的译作。不管译者的翻译能力多强,翻译经验多丰富,都不可避免地会出现一定的错误,因为个人的认知总归是有限的,不可能熟悉世间万事万物。因此,在翻译过程中,译者不可忽视校改这一环节。在校改过程中,译者应着重关注如下几个方面。

(1)检查译语中的单位是否有误。

(2)检查译语中的标点符号使用是否正确。

(3)核对源语与译语的表述是否一致。

(4)检查译文中的人名、地名、数字等是否有误。

(5)检查译文中常见的翻译单位表述是否正确。

第二节　翻译的分类与原则

一、翻译的分类

随着各行各业的不断发展,各种语言之间的沟通、信息传播也越来越频繁。翻译的分类纷繁复杂,这里分别从不同的角度对翻译的分类进行研究。

(一)按译文种类进行划分

按照译文的种类可以将翻译分为如下五类。

(1)全译,是指逐词逐句对原作进行翻译,这是最常见的翻译种类。

(2)摘译,是指从出版部分、编辑人员、读者的要求出发,对原作的一部分进行翻译,其经常用于翻译一些报纸杂志。

(3)参译,是指参考翻译,它是一种自由的、特殊的翻译品种,可以是全译,也可以是摘译或者编译。

(4)编译,是指一篇原文或者几篇原文的内容进行串联的翻译,这是一种特殊的翻译形式,其可以将原作松散的内容进行整合,还可以将多篇原作内容进行串联,进而丰富译文。

(5)写译,是指译者将翻译作为主体的写作,是比编译更为宽松、自由的翻译形式。

（二）按翻译工作主体进行划分

按照翻译工作的主体可以将翻译分为如下两类。

（1）人工翻译，是指传统的以译者作为主体的翻译形式，往往从多人到一人。

（2）机器翻译，是指 20 世纪 70 年代后出现的将翻译机器作为主体的翻译形式，往往从简单到智能型。

相比较而言，机器翻译比较快，不怕重复，也不需要休息，但它也存在不足之处，即过于机械，离不开人，还需要译者对其翻译的内容进行核对、润色与定稿。可见，机器翻译应该与人工翻译相互配合。

（三）按翻译原作的种类进行划分

按照翻译原作的种类可以将翻译分为如下三种。

（1）一般语言材料翻译，就是日常使用的语言，其包含一般报纸杂志翻译与各类应用文翻译。这种翻译一般具有以下四个特点。

其一，杂，即内容上包罗万象，不仅有趣味的新闻，还有科普类文章，更有生活常识类文章等。

其二，浅，即语言上比较容易理解，不像文学作品那么深奥，也不像专业翻译那么专业化。

其三，活，即与一般科技类文章相比，行文上比较活泼。

其四，新，即语言上比较现代化，添加了很多新词、新语。

因此，在翻译这种文本时，译者应对"忠顺"的矛盾加以灵活处理，采用一切方法，对译文进行加工与修饰，追求行文的传神与活泼。

（2）文学翻译，其比一般语言材料的翻译难，因为其具有以下几个特点。

其一，长，即跨度时间都比较长，因此要求译者具有扎实的基本功。

其二,突,即翻译时要凸显"忠顺"。

其三,高,即要求译者具有较高的译语基本功,尤其是对世界名著展开翻译时,要求的译语基本功更高。

其四,雅,即要求翻译时要雅,具有文学味道与作品气质。

其五,创,即要求翻译时译者要发挥自身的创造性,这一点要比其他两种翻译要求更多,因为文学翻译对传神达意的要求更高。

因此,译者在进行文学翻译时,应灵活把握"忠顺"的矛盾,解决矛盾时应考虑原作的特色、译作的目的以及译作的环境。

(3)专业翻译,即包含科技资料、商务信函、军事著作等在内的各种文本的翻译,其中的科技翻译具有如下特点。

其一,专业,即涉及大量的专业词汇与表达。

其二,重大,即具有重大的责任,因为如果其误译的话,可能会造成严重的后果。

其三,枯燥,这是其特殊性,因为其涉及的词汇、表达等有时非常枯燥无味、晦涩难懂。

(四)按照翻译的等值程度进行划分

按照翻译的等值程度可以将翻译分为以下四种。

(1)完全等值,即1∶1的等值,对于一种原文,虽然译法有一种或者几种,但是效果要与原作保持基本一致。

(2)部分等值,即1∶几或者几∶1的等值,其包括两种,一种是对某一原作,有几种译文;二是对于多个版本的原作,仅有一种译文。无论是哪种,其都未达到完全等值,仅仅是部分等值。

(3)假性不等值,即前面的完全等值或者部分等值。这种情况非常常见。对于原作中的某个词、句子等,有时乍一看译文与原作不等值,虽然译语有完全等值的表达,但译者就是不采用。这主要是因为如果译者采用了完全等值的表达,其实际的效果就不能实现等值。尽管有的译文和原文在措辞上似乎是不等值的,但实际效果却是等值的。

（4）不等值，即 1∶0 或者 0∶1 的等值。

二、翻译的原则

（一）国外比较有代表性的翻译原则

1.泰特勒：翻译三原则

苏格兰著名翻译家泰特勒（Tytler）在《论翻译原则》（*Essay on the Principles of Translation*）一书中，提出了著名的翻译"三原则"，具体观点如下。

（1）译文应传达出原作的思想。

（2）译文的风格和笔调应与原作保持一致。

（3）译文应自然流畅。

在泰特勒看来，在翻译过程中译者应遵循以上三条原则。

2.奈达：翻译四原则

奈达认为，在翻译时译者应该遵循以下四项原则。

（1）与词语一致相比，保证上下文一致更加重要。就单词意义而言，其中涉及的不是语义点，而是语义域，即一个词往往会具备多层含义。在不同语言中，相应词的语义域并不是完全相同的，因此译者在翻译时应选择正确的词语对原作进行恰当的翻译，考虑选择的词语是否上下文一致，而不仅限于某个单词的一致。

（2）与形式对应相比，保证动态对等或功能对等更为重要。从读者角度看，奈达认为译作应该关注是否能够被目的语读者理解。当然，其中的理解并不是目的语读者对某些词语的理解，也不是对句子规范的理解，而是对译作做出怎样的反应。当然，这种反应要求是基本一致，不可能是完全一致，因为源语与译语的历史、文化等存在明显差异。

（3）与书面形式相比，口头形式更为重要。不管哪种语言，书面形式与口头形式都不是完全等同的，有的语言的书面形式更为优美，但用口头表达出来却很难让人理解。因此，译者在翻译时应注意如下几点。

其一，翻译时尽量避免使用令人误解或者模糊的词语。

其二，翻译时尽量不要使用让人误解的语序及发音。

其三，翻译时尽量不要使用粗俗的词语。

其四，翻译时尽量不要使内容超载，最好保证简洁。

（4）与传统的语言形式相比，读者的需要更为重要。也就是说，译者应照顾读者群体的需要，用大众语言传达原文信息，而不应局限于传统的语言形式。

（二）国内比较有代表性的翻译原则

1. 严复的"信、达、雅"原则

严复是我国著名的教育家、翻译家，对于翻译，他提出了"信达雅"三原则。随后，这一原则在我国产生了巨大的影响。

"信"是翻译的首要标准，即译文应该与主旨紧密贴合，可以删减多余的语句，只要不过度偏离原意，就无须苛责句子的排列或者语句是否对应。

"达"是在"信"的基础上对翻译做出的进一步要求，即译者要对原作进行通读，达到融会贯通，然后才能展开翻译。

"雅"是"信"与"达"之后对翻译的一大要求，是从美学的角度来说的，即要求文雅，否则很难吸引读者。

2. 刘重德的"信、达、切"原则

刘重德先生在《文学翻译十讲》中提出了信、达、切的"三位一体"翻译标准。

（1）信：信于内容，即内容的忠实性。

（2）达：达如其意，即句子的表达性。

（3）切：切合风格，即风格的贴切性。

可见，刘重德先生用"切"替代了严复的"雅"字，他认为"雅"即所谓的"尔雅"或"文雅"，其实是很多风格中的一种，具体翻译时，不可一味地追求"雅"，而要实事求是，恰如其分，切合原文风格。"切"是中性词，对于各种不同的风格均适用。

3.林语堂的"忠实、通顺、美"原则

林语堂先生在《论翻译》中，提出了"忠实、通顺、美"的翻译原则。

（1）忠实，其具体包括"非字译""须传神""非绝对""须通顺"四项意义，涉及"直译""死译""意译"和"胡译"四个等级。

（2）通顺，其以心理学为理论依据，要求译者采取句译的翻译方法和目的语读者能接受的译语行文习惯来表达。

（3）美，其要求译者将翻译视为一种艺术。在正式翻译之前，译者应该对原文的风度神韵有深度的理解，然后在译文中将此风度神韵充分呈现出来，这才算完成了对待翻译如艺术一般的任务。

第三节　译者的基本素质

一、译者要具备基本的职业素养

（一）译者应做到不偏不倚

说到底，翻译还是一种跨文化交际活动。中西方在诸多方面都存在差异，同一份材料在中国人眼中和在外国人眼中有着不同的意义，因此译者其实扮演的是原作与译文读者之间的中介者的角色。这种特殊的角色要求译者必须尊重客观事实，公正地对待

中外双方,不偏不倚,做到公平公正。

从生态学角度看,翻译的终极目标是尽可能地保护原文与译文之间的交际生态。具体来说,译者需要在超越时空的前提下,既要与原文作者进行平等的交流,维持原文作者的基本思想,又要考虑到译文读者的理解和接受状态,将信息完整地传递给译文读者,进而在原作与译文读者之间寻求一个平衡点,在原文与译文读者的语言、文化、交际三者之间构建一个健康、有序、和谐的生态循环,这样原作与译作才能实现共存。

(二)译者应该追求完美

要提高译者的翻译水平,这不是一朝一夕的事情,而是需要经历一个漫长的过程。译者在日常的工作和学习中应刻苦学习和虚心求教,这样才能呈现理想的译作。译者翻译是否到位,除了要具备一定的翻译水平,还必须有一种精雕细琢的工匠精神,这样译者的翻译之路才能走得更远。例如:

领导干部要讲政治。

Cadres should talk about politics.

在本例中,"领导干部要讲政治。"中的"讲"的内涵是"探究""学习""重视"等,而 talk about 仅仅是"谈论""说"的意思,假如将"讲"这个词译为 talk about,那么原文和译文就不对等。导致的结果就是,外国人会误以为中国领导人都喜欢在口头上大谈政治,而不做出实际的行动。这种翻译损坏了中国的形象,不利于建立中外友好合作的关系。如果译者进一步探究这个词语的翻译,可能会产生如下几个译文。

(1)Cadres must emphasize politics.

(2)Cadres must give prominence to politics.

(3)Cadres should attach the utmost importance to politics.

经认真分析之后可以发现,上述三种译法均比最开始的译法有了明显的进步,都能勉强接受,但离原文的内涵仍有一定差异。此处的"政治"既不是口头政治,也不是指上层建筑层面,而是指领导干部要有政治头脑、政治敏锐性。因此,可以形成以下几种译法。

(1)Cadres should be politically aware.

(2)Cadres should be politically minded.

(3)Cadres should be political conscious.

在信息化时代,知识的更新速度极快,译者要想准确传达原文的信息,应该广泛查阅各种资料、工具书,运用一切可以使用的资源,多方查证,这样才能创造出更加贴切、达意、完善的译文。

二、译者要有坚实的语言素养

翻译的核心素养是语言素养。语言素养具体包括语言知识、语言技能、文化素质和语用能力四个方面。

语言知识涉及词汇、句子、语篇和修辞等方面。译者可以根据不同的专业需求,进行专业知识的延伸,了解不同专业领域的语言知识。语言技能涉及写、听、说、读四种。语言不可脱离文化而存在,所以语言素质还涉及文化素质。文化素质主要包括三个方面,一是情感态度与价值观,二是自己所具备的文化立场,三是文化认同感和文化鉴别能力。翻译也是一种对语言的运用过程,所以译者还需要具备一定的语用知识。语言的意义说到底是语境中的特定意义,所以译者需要结合语境推断源语的真正意义。语境(context)是语用学研究中的重要概念,其有狭义和广义之分,狭义的语境指话语使用的上下文,广义的语境指和语言使用相关的一切因素,包括语言内和语言外的情境。既然原文的意义取决于语境,那么译者必须抓住语境这一线索来理解原文,从而在最大程度上再现原文的信息。例如:

犬子将于下月结婚。

译文 1:My little dog is getting married next month.

译文 2:My son is getting married next month.

此例子选自中国人写给外国友人的喜帖。译者在翻译之前需要先了解交际语境。首先,交际双方来自中国和外国;其次,汉语中的"犬子"是对儿子的谦称,英语中没有这样的表达;再次,父母在公布儿子的婚讯时将儿子称为"犬子",是对自己喜悦之情的控制。因此,译文 1 将"犬子"译成 My little dog 显然曲解了原文的语用含义,译文 2 的翻译是正确的。

三、译者要有较强的转换能力

译者的转换能力体现在以下几方面。

(一)适应语言的意义

翻译其实是一种跨文化交际活动。跨文化交际是根据意义选择语言、根据语言推敲意义的过程。从这个层面说,对语言的适应,其实是指对意义的适应。译者要适应的语言意义包括形式意义、言外意义、文化社会意义、联想意义等。

刘宓庆提出,形式意义即语言形式所承载的意义,包括语音、词汇、句法及修辞等。奈达认为,语言形式是有意义的,在翻译时需要考虑形式,否则就失去了原文的风格。语言的独特性在于自身的语言规则和语言结构。有时,在翻译中要再现原文信息内容,必须调整语言形式。也就是说,翻译中很难做到形式对等,最多是形式相似。

要想顺利地进行交际,不应满足于对字面意义的了解,而是深度挖掘对方话语中隐含的真正意义。因此,在翻译中,译者要用目的语完整地传达出原文的言外之意,这样才能使原文读者和译文读者获得相同的感受。这种翻译才称得上是原文和译文在精神上的桥梁。译者既要适应原文的言外之意,又要适应译文的言外之意,这样才能实现文化传播的目的。

语言是文化的一部分,对语言的理解不能脱离其所属的文化和社会语境。文化之间互相尊重、共同发展,应该是不同文化之间相处的正确之道。在翻译中,译者属于原文的文化语境,因此更需要适应的是译语文化语境。因此,译者需要在准确传达原文意义的前提下,考虑译语文化的接受水平。

联想意义是语言符号给人们带来的暗示性的意义。同一个事物在不同的语言中可能具有不同的联想意义,其体现了文化语境的特点。例如,汉语中的"狗"经常使人联想到"下贱、讨厌"等不好的意义,而 dog 可以让西方人联想到"伙伴、忠诚"。

(二)选择翻译文体和方法

王佐良先生指出,原文与译文之间真正的对等还必须涉及文体的对等。梁晓声提出,翻译文体是译者创造的一种语言形式,要考虑原文语言的优势和译文语言的特点,是原文语言和译文语言的结合。可见,翻译文体的选择非常重要。译者要依据不同的传播渠道,将原文翻译成相适应的文体。当材料是通过声音的途径来传播时,译者就必须使译文适合听,这就要求译者了解广播文体的要求,做到语言简洁、重点突出。

翻译是对文化的理解与阐释。在翻译过程中,根据中西方文化背景的差异来决定选择何种翻译方法,是达到良好效果的关键。常见的翻译方法有直译法、直译加注法、意译法、音译法等。究竟要采用哪种翻译方法,译者应根据实际情况来确定。例如,当语用发生了转移时,最好应采用直译法,这样译文更容易理解;当翻译材料为科技内容时,对于那些行业内的专业词汇,最好选用音译法,保留原来的发音和国际上通用的命名;对于存在文化空缺的内容,可以采用直译法加上适当的解释说明,否则容易造成歧义。

(三)具备多种意识

1.多元文化意识

文化多样性不仅为人类文化的融合提供了条件,也有助于提高每一种文化的辨识度及存在的价值。人类在应付各种复杂情况时可以从多样性的文化上寻找可靠的支撑条件,多样性的文化是人类共同的财产,为人类文化的发展提供了源源不断的动力。不同文化之间只要不相互抵制,就能使整个文化世界充满勃勃的生机。无论是从当代还是从子孙后代的利益考虑,文化的多样性都应该被肯定。为了人类共同的利益,各种文化均要秉持文化多样性的观念,为人类的生存与发展提供一个新的平台。只有在这个全球化时代,才能建立理想意义上的文化多元性。只有经受了全球化时代洗礼的多样性才是最受期待的。因此,译者应具有多元文化意识。

2. 主体意识

传统的翻译理论强调,译者如同服务于作者和读者的仆人,只要再现源语文本的意义即可,是一种隐性的存在。然而,随着翻译研究的不断深入,一些学者开始怀疑译者的仆人身份,认为译者才是翻译活动中的主体。这些学者之所以会提出这种观点,主要有以下三个原因。其一,翻译是译者需要发挥其主观能动性的实践活动。其二,译者不仅是原文和译文的中介者,而且是原文作者与译文读者的中介者,同时又在翻译中架起了两种语言和文化之间沟通的桥梁。可见,译者处于翻译中的核心地位。其三,解构主义学派和后现代主义都宣扬译者的主体性。国内外很多学者都坚持翻译主体的唯一性,即认为翻译的唯一主体就是译者。例如,安托瓦纳·贝尔曼(Antonio Berman)指出,译者之所以成为翻译活动中的主体,是因为译者有一定的翻译动机、翻译目的和翻译方案等,译者是翻译活动中最积极的因素。我国学者陈大亮、袁莉均认为,只有参与了翻译认识和翻译实践的人才能成为主体,原文作者和读者并没有直接介入翻译活动,因此只有从事翻译实践的译者才是翻译主体。译者只有认识了自己的主体性,才能在翻译活动中实现一定的创造性,才能给翻译作品生命。值得注意的是,译者在具有主体意识的同时,也要防止因自身过度膨胀而导致的随心所欲的翻译。在原作者、译者和译文读者等主体之间，建立一种对话式互动关系，才能建成一个健康有序的翻译生态。

3.读者意识

在我国翻译的历史长河中，译者很早就意识到了读者意识的重要性。东晋高僧慧远曾经在谈到如何针对佛经翻译进行文本选择时，指出"以文应质则疑者众，以质应文则悦者寡"，意思是如果用华丽的文体翻译质朴的原文，持怀疑态度的读者就较多，如果用质朴的文体去翻译华丽的原文，那么不喜欢译文的读者就较多。我们暂且不探讨这个结论是否科学，至少他在翻译时考虑了读者对译文的态度。郭天一将读者意识进行了更为细致的划分，主要包括读者是谁、读者有何需求以及如何满足读者需求。

从接受美学的角度说，文本是一个多维度的开放式结构，不同的人可以给出不同解释，相同的人在不同的地点也可以做出不同解释。可见，在翻译中，原文文本是稳定不变的，但是接受者是动态变化的。读者根据自己的认知来认识译作的文本内涵，填补意义空缺，并且对未定性的内容实现具体化，最终实现译作的意义。

译者应该将读者放在第一位。在翻译之前，译者应充分考虑译文读者的心理需求，并且以此为依据选择不同的翻译策略。不同的读者心理需求，可以促成不同的译文产生。图里（Toury）指出，一切翻译均位于一条线的中点，中点的一端是源语规范，另一端是目的语规范。因此，为了实现翻译的目的，译者应想尽一切办法来满足译文读者的心理需求。译文读者对译作内容的心理期待是影响译作传播效果的重要因素。译文读者对译作内容需求强烈，则阅读的动机指向性越强，译作的传播效果越好；反之，如果译文读者对译作内容的需求不强烈，阅读的指向性就会越低，译作的传播效果就越差。另外，在翻译过程中，如果可以引起译文读者情感上的共鸣，使其产生良好的情绪体验，那么翻译工作就成功了一半；反之，如果无法使译文读者的情感状态处于最佳水平,翻译工作的成效就有待加强。译文读者是译作信息的接收者,是拥有独特的心理特征和丰富感情的个体。译者在翻译过程中要时刻以满足目标读者的需求为目的,使读者与原文的视野得到最大程度的融合。

第三章　文化传播与翻译的关系解读

在全球化的背景下,中国在走向世界的路途中,也迫切需要得到世界的认同。而要实现这一点,就需要重视文化传播的作用。文化传播通过翻译来进行,所以翻译和文化传播就有着千丝万缕的联系。文化对翻译有着不可抹杀的影响,这不仅体现在翻译原则上,而且体现在翻译策略上。

第一节　文化因素对翻译的影响

一、文化影响翻译活动的范围

文化的开放程度,决定了翻译活动进行的范围。任何封闭的文化都是无法发展的,一种文化必须与其他文化和谐相处,才能可持续地发展。文化全球化是世界文化创造主体和世界文化元素的多元化。如今的时代已经远离了文化霸权,是你中有我、我中有你,倡导文化包容。文化只有具备包容的品质,世界不同国家和民族的文化才能在共存中达到更多的一致,进而使得世界各个国家和民族联系得更加紧密。在人类文化发展史上,封闭的文化会被推到边缘的地带,并且阻碍世界历史的前进脚步;而那些包容性的文化才能主导世界文化,推动着世界历史的发展。

包容性的文化比较能够接受其他文化中的先进成分,因此能够较好地发展,也比较容易被其他文化所接受,可以从地域性文化向世界性文化转变,进而成为推动世界文化进步的强大力量。

从根本上讲,一种文化之所以缺乏包容性,是因为文化创造主体的思想狭隘,并且这种封闭的文化也会影响生活在其中的人们的思维方式,使得他们也变得狭隘,缺乏开放精神,难以接受其他文化,从而导致世界在文化上的割裂。

文化的输入和输出都关系到翻译活动的开展情况。当某个领域对文化的需求程度较大时,这一领域中的翻译活动就会较多。例如,徐光启等人曾经在意识到我国学术落后于世界水平时,主张将西方的先进科技和文化翻译成中文,以此来充实我国的文化。在五四运动后,中国知识分子意识到自身革命理论的缺乏,于是提倡翻译马列主义的经典著作。

二、文化影响翻译进行的形式

从翻译的社会意义的角度来看,翻译具有一定的倾向性和目的性。文化背景影响着翻译什么作品以及如何翻译。一般越强势的文化越能产生影响力,而弱势文化领域的文化整体影响力较低。在具体的两种语言的对译中,强势和弱势文化在选材上的不平衡表现得更加明显。例如,当希腊被罗马人征服之后,罗马人将希腊作品当作可以任由自己发挥的文学性战利品,随意翻译这些作品。

三、文化干预翻译过程

翻译不仅是从一种语言到另外一种语言的纯技术形式的转换,更是以语言为中介来实现的从一种文化到另一种文化的转换。翻译过程不仅受语言因素的影响,还受社会因素和心理因素的巨大影响。文化的互通性,是翻译得以存在的前提。然而,文化之间的差异又为翻译带来了障碍。为了达到文化交流的目的,译者需要准确地分析和理解源语的文化意义,将其介绍给译语读者。译者作为文化个体,本身也受到文化取向的影响,这些影响也会在其译作中体现出来。虽然他在翻译过程中努力克服自己的主观因素,但仍免不了带有自身文化的烙印。

第二节　文化传播视角下翻译的原则

至于翻译是否有原则或者翻译是否需要一个原则来约束,不同的学者有着不同的见解。赞同"译学无成规"的大有人在,认为"翻译是一门科学,有其理论原则"的也不在少数。在此,笔者站在后面一个队列里,并且谈谈文化翻译的具体原则。

一、对所译文本有着深度的文化思考

在翻译活动中,应该特别注意对所译文本的研究与思考,关注读者的理解,充分利用副文本的形式,对所译文本进行阐释与解读,向目标读者介绍文本所蕴含的文化特质与价值。对于副文本的价值,翻译界有过很多探讨,或对作家、作品进行介绍,或对社会文化背景、文化、社会差异加以分析,或对翻译障碍、理解难点进行讨论,对读者理解作品具有很大的启发。这要求一名译者有广阔的文化视野与人文情怀,心中有读者的期待。

二、具备文化交流的意识

在新的历史时期,精神文明被提到了更突出的位置。译者作为文化传播的桥梁,在全球化的今天,应该拥有清醒的文化意识。经济全球化和文化全球化相当于一个人的两条腿,我们应该用两条腿走路,否则就不是一个健全的人。西方文化中的流弊,需要通过学习中国文化来克服,这也是西方有志之士转而向中国文化寻求智慧的动机所在。不同民族语言文化之间的交流,是一种需要。任何一个民族想发展,必须走出封闭的自我,只有在和其他文化相互碰撞、相互融合的过程中,自身才能得到发展。而在这样一个过程中,翻译始终起着重要的作用。译者不仅要把外国的先进文化引入中国,也要把中国的先进文化传播到外国去。中国文化走向世界,为的是丰富世界文化。要维护文化的多样性,使世界文化之水不断流动,使社会不断地良性发展,甚至于维护世界和平,需要译者在翻译活动中保持包容的态度。

第三节 文化传播视角下翻译的策略

一、归化和异化策略

(一)归化策略

1.归化策略的基本内涵

归化策略是指把源语本土化,即以译入语读者为归宿,对源语表达形式进行省略或替换,找到地道的表达形式表达译入语。这一策略要求译者像本国作者那样说话,将原文译为地道的本国语。归化策略可以增强译文的欣赏性与可读性,帮助读者更好地理解译文,但有可能会丧失源语的文化意义。例如:

谋事在人,成事在天。

Man proposes,Heaven disposes.

(杨宪益、戴乃迭 译)

Man proposes,God disposes.

(霍克斯 译)

汉语原文有着浓厚的中国特色,两个译本都使用了对仗形式,与原作相称,但是对"天"的表达上存在明显的差异。杨宪益夫妇将其翻译为 Heaven,是与中国的文化色彩相符合的;而霍克斯则为了符合译入语读者的接受程度,将其翻译为 God。之所以存在差异就在于两个译本选择的翻译策略不同。

2.归化策略的运用方法

采用归化策略进行翻译的目的是尽量缩小文化差异,通过调整表达方式来使译文更加通顺易懂。具体可采用以下几种方法来实现。

（1）意译

意译法就是采用与目的语行为习惯相符的表达方式来传递源语的内在含义,这种方法虽然会改变源语的表达形式,但能反映源语的精神实质。例如:

It is a Greek gift to you.

这是图谋害你的礼物。

Greek gift 直译的含义是"希腊礼物",但是这样并不能反映其内在文化含义。因此,应采用意译法将其译为"图谋害人"。

这不是打落水狗么? 三先生欠公道,薛宝珠有什么功劳,升她?

（矛盾《子夜》）

Why, that's kicking a man when he's down! It's not fair and what's Hsuch Pao-chu done that she should be promoted?

（Hsu Meng-hsiang 译）

在传统汉语文化中,狗这一动物并不招人喜欢,有很多的贬义表达都与狗有关。但西方人非常喜爱狗,将狗当作他们的朋友。如果对"打落水狗"进行直译,西方读者不仅不能理解,也不会接受,而将其意译为 kicking a man when he's down,则便于西方读者理解,也能被他们接受。

（2）转译

转译是指用目的语中的一些词语来替换与源语文化特有的词语相对应的表达。这样可以将源语中特有的文化因素等效地传递给目的语读者,引起目的语读者的共鸣。例如:

as strong as a horse 力大如牛

在英国,马是人们进行农耕的主要动物,而且深受人们的喜爱,常被人们用来比喻勤劳和吃苦耐劳。但在中国,牛是人们进行耕作的主要动物,中国人对牛的感情就如同英国人对马的感情。所以,为了达到翻译等效,将 horse 用"牛"来替代是明智的。

(二)异化策略

1.异化策略的基本内涵

异化策略是指译者不打扰作者,而是让读者向作者靠拢,即译者对源语文化进行保留,并尽量向作者的表达贴近。受不同思维方式与文化背景的影响,不同民族对同一事物的认知存在明显的差异。译者在对具有丰富历史色彩的信息进行翻译时,应尽量保留其文化背景知识,而采用异化法有助于传递源语文化,保留异国情调。例如:

As the last straw breaks the laden camel's back,this piece of underground information crushed the sinking spirits of Mr. Dombey.

正如压垮负重骆驼脊梁的最后一根稻草,这则秘密的讯息把董贝先生低沉的情绪压到了最低点。

译者对英语习语 the last straw breaks the laden camel's back 进行了文化异化处理,汉语读者不仅完全能够理解,还可以了解英语中原来还有这样的表达方式。

异化策略也有其不足之处,即容易造成文化交流障碍,影响译文的可读性。

2.异化策略的运用方法

采用异化策略进行翻译的目的是尽量保留源语的语言与文化特色,让读者感受更多的异国文化。具体可采用以下几种方法来实现。

（1）直译

直译是异化策略的一种主要手段,就是在不改变源语语言与文化特点的前提下,用目的语中相对应的词语表达源语文化信息。直译可有效保留源语的文化特征,也有利于促进两种文化的交流。

不要失了你的时了! 你自己只觉得中了一相公,就"癞蛤蟆想吃天鹅肉"来了!

（吴敬梓《儒林外史》）

"Don't be a fool!"he roared,"Just passing one examination has turned your head completely—you're like a toad trying to swallow a swan!"

（杨宪益 译）

原文中"癞蛤蟆想吃天鹅肉"这一形象的比喻如果按照字面直接进行翻译并不会给英语读者造成困难。相反,如果译成 to do what is impossible 反而会失去原来的丰姿和韵味。

（2）增译

源语为了表达需要,可能会省去一些本民族人们所熟知的文化信息,但为了便于译文读者理解,在翻译的过程中就要对源语中隐含的文化信息进行补充。例如:

The staff member folded like an accordion.

这个工作人员就像合拢起来的手风琴似的——一声不吭。

上述例子采用增词法来翻译,不仅保留原文的语言形式,也传达了原文的文化内涵。

三个臭皮匠,顶一个诸葛亮。

Three cobblers with their wits combined equal Chuceh Liang,the master mind.

在中国,人们都知道"诸葛亮"这一历史人物,也明白其所代表的文化象征意义——智慧。但西方读者对其并不了解,因此在翻译时译者增加了 with their wits combined 和 the master mind 这一文化信息。

（3）直译加注释

对于很多文化词语，单纯地进行直译和意译都不能完全表达其文化内涵，此时就可以尝试使用直译加注释的方法，就是在直译的基础上添加必要的解释说明，这样不仅能保留原文的文化形式，也能传达其文化内涵。例如：

All this will not be finished in the first one hundred days. Nor will it be finished in the first one thousand days, nor in the life of this Administration, nor even perhaps in our lifetime on this planet.

(John F. Kennedy)

所有这一切都不会在第一个一百天内完成，也不会在第一个一千天内完成，不会在本届政府任期内完成，甚至也许不会在我们这一辈子完成。

注释：原指富兰克林·罗斯福总统执政后推行"新政"的第一个一百天。

（《中国翻译》1997 年第 1 期）

采用直译加注释的方式进行翻译，不仅能让目的语读者了解原文的含义，还能让他们直观感受异域文化。

（三）归化与异化相结合策略

关于归化与异化的关系问题，一直都是翻译研究者争论不休的问题，甚至出现了百家争鸣的局面。实际上，二者是对立统一的关系，都存在着各自的适用范畴，但是在一些语境中，仅仅选择其中一种并不可行，甚至无法将源语的真实内容与意义传达出来，这时就需要将二者相结合，采用归异互补策略。一名好的译者首先能够在运用归化策略与异化策略时找到二者之间的折中点，然后根据这一折中点，对原作进行仔细品读，进而采用合适的翻译策略来进行翻译。当然，译者需要弄清楚原文的底蕴，然后从翻译目的、作者意图等层面考虑，谨慎地对翻译策略做出选择，这样才能把握好翻译的分寸。例如：

I gave my youth to the sea and I came home and gave her
(my wife) my old age.

我把青春献给了海洋,等我回到家中见到妻子的时候,已经是白发苍苍。

作者采用归异互补策略来翻译上述句子:对"I gave my youth to the sea"这句话采用了归化翻译策略,而对"I came home and gave her(my wife) my old age"这句话采用了异化翻译策略。

好的译文总是能考虑多方面的因素,如作者的写作意图、译者的翻译目的、读者的文化层次及要求等。总体而言,处理归化与异化的关系时一定要适度。具体而言,在采用异化策略时,一定要保证不影响译文的理解;在采用归化策略时,一定要保证不改变原作的风味,力求做到真正的"文化传真"。

二、文化对应策略

所谓文化对应策略,是指采用目的语文化中相应的事件、人物等,对源语文化中的内容进行解析与诠释。例如,"梁山伯与祝英台"被中国人广为熟知,但是西方人并不知道二人到底是谁,如果将其翻译成"罗密欧与朱丽叶",那么西方人就很清楚了。再如:

济公劫富济贫,深受穷苦人民爱戴。

Ji Gong,Robin Hood in China robbed the rich and helped the poor.

"济公"是中国人十分熟悉的人物,但是西方人对其并不了解。对此,译者采用了文化对应策略,将其译为"Ji Gong,Robin Hood in China",这就很容易被目的语读者理解。

三、文化更换策略

文化更换是指译者在翻译过程中,结合文化语境的改变,会采用对字面翻译的某些不同程度的偏离。文化更换实际上是直译的另一种表述,其在于选择目标文化特征与目标语言,背离源语文化特征。文化更换的程度越大,越接近目标文化,看上去越不像外国作品。

林语堂在汉英翻译过程中,也常借助于文化更换的策略处理英语文化所不熟悉的汉语语言文化现象,使得译文在习俗、思维、意识形态等方面符合西方文化的习惯,但是原文中的客观信息精确度在文化更换后大打折扣。具体而言,林语堂对文化更换策略的运用主要体现在以下几个方面。

首先,在翻译度量衡单位体系时使用文化更换策略。中国传统文化与西方文化在长度、重量、时间、货币、体积等方面都采用了不同的单位体系,汉语中出现的此类单位语言符号在英语中没有对等符号。林语堂在向西方读者传递度量衡单位体系的语言信息时,是有意识采用文化更换的翻译策略。例如:

君岂有斗酒如东坡妇乎?

(《不亦快哉》)

Have you got a *gallon* of wine like Su Tungpo's wife?

"斗"对西方读者来说,都是陌生化词汇,与读者原语用意识之间充满巨大的张力。熟悉和常见的符号概念与他们原意识之间的张力消失,照顾了读者的理解习惯。不可避免的遗憾是,原文中客观信息的精确度在文化更换后不仅大打折扣,其中所蕴含的文化色彩和审美意义也遭到遗失。

其次,在一些文化现象和文化诗词的英译中,林语堂也会考虑读者的文化接受和心理期待,而采用英语读者熟悉的词汇对之进行更换。例如:

与余为总角交。

(《浮生六记》)

He was a *childhood chum* of mine.

"总角"指古代儿童上的发髻,后来被用于指代童年。林语堂用英语中常见的名词来更换原文,排除英语读者的理解障碍,非常合理自然。

再次,林语堂以译文读者为中心的意识体现在他对原文句式结构的转换上。这种转换既顺乎人的天性,又体现译者丰富的学识基础,使译文展现出富有情趣的生命状态。例如:

并头联句,交颈论文,宫中应制,历使属国,皆极人间乐事。

(《幽梦影》)

Some of the greatest joys of life are: to discuss literature with a friend, to compose together tête-à-tête a poem by providing alternate lines, to sit at the palace examinations, and to be sent abroad as a diplomat to our country's dependencies.

英汉语言在句式结构上的差异十分显著,上述理论就体现了汉语四字格特点,并列结构句式,重点放在句尾,先因后果(cause＋result)等松散句型结构;而英语重形合、句首聚焦、先果后因和结构严谨等特点。林语堂在译文里针对汉英文化思维方式的差别,在结构上做了调整,将原文的因果关系颠倒过来,实现了英语的先果后因、句首聚焦的特点,体现出对读者的尊重,也为中国传统诗学翻译注入了现代意义。

最后,林语堂很善于将所谈论的人物与西方人熟悉的人物或事物联系起来,作恰如其分的类比,实现相宜的微观层面文化更换。例如:

……随意素食者和拘于原则的素食者的分别,有如结婚的牧师与矢誓独身的和尚之间的差异。

… the difference between a vegetarian by temperament and a vegetarian by principle is like that between a celibate Catholic priest and a married Protestant pastor.

在上述汉语文本中,林语堂将素食者分为"随意素食者"和"拘于原则的素食者"。为了清楚阐明这两者之间的关系,林语堂将随意的素食者比作可以结婚的牧师,将拘于原则的素食者比作矢誓独身的和尚,让读者明晓两种身份的差异。但是在英文中,林语堂将随意的素食者比作可以结婚的新教牧师,将拘于原则的素食者比作独身的天主教教师。这种在不同文化内采用不同的比较,是为了拉近与读者的情感距离。林语堂对文化更换这一翻译策略的选择,达到互惠性理解,从而使跨文化传播由"交流"升华为"分享"。

四、文化隐身策略

在翻译过程中,林语堂为了规避由文化差异带来的障碍,还常使用文化隐身策略隐去相关文化信息。他在英译"孔子与康德"的论文时,对于西方读者了解的康德部分尽可能简化(或隐去),而对孔子部分却尽可能地详尽,来激发读者的阅读兴趣。从文化交流的角度来看,这种做法与文化更换一样,都是为了减轻译文读者的理解负担而人为地消除文化障碍。但是,文化隐身是将原文中的相关文化内容直接在译文中省略,让译文读者觉得根本就不存在该信息,所以与文化更换相比较,它似乎更严重地牺牲了原文中的文化内容。采取文化隐身的原因是,林语堂的英文作品不是给中国人看的,而是给能够自由选择书籍并通过阅读获取知识的西方人阅读。

文化隐身存在两种情况:第一,在不影响句子前后逻辑关系的情况下,原文中部分内容在译文中整体被省略掉,就如同这部分内容从未存在。第二,省略原文相关的文化信息,以简略语言概括。采用文化隐身策略译出的译文会让读者读起来很流畅,但也严重损坏了源语的文化特色。例如:

晨钟夕磬,发人深省。

(《幽梦影》)

What a profound warning.

"晨钟夕磬"在原文中是暗喻的修辞手法,体现出钟磬在汉语文化当中的警示含义,与"发人深省"在语义上属于重复,在汉语文化中完全可以接受。在英语文化中就应该避免重复,所以林语堂将形象的比喻直接忽略,其英语语言的良好悟性与表达的灵活性尽显其中。

林语堂在译文里绝对地隐去原文文化内容也是进行二次创作,虽然保留了原文的意义和意境,但是更强调译文结构、声音和意境美。这种文化隐身令人一目了然,而用相对简单的语言概括原文信息,虽然隐去的痕迹并不是很明显,但是在本质上,原文的相关内容还是被忽略了。

当然,富含典故和其他文化信息的原文如果无法简单地进行"忠实"翻译的话,就必须借助于补充的翻译手段。对此,林语堂做过清楚的说明。例如:

昭君以和亲而显,刘蕡以下第而传,可谓之不幸,不可谓之缺憾。

(《幽梦影》)

Some men and women left a name for posterity because they were victims of some adverse circumstance. One can say they were most unfortunate, but I doubt that one should express regret for them.

林语堂隐去原文的文化内容而另寻文字说明原文的含义,增加了一条注解。因此,林语堂的文化隐身背后也有着复杂的原因,并不能就某一因素简单地进行解读。但必须肯定的是,译者在吸收不同文化的优点之后,做了新的发挥和建构。

林语堂将原文中的文化成分隐形,不论是全部隐形还是以简略的语言进行概括解释,都是建立在不违背译文通顺流畅和方便译文读者阅读和理解的原则之上。通过省略原文的文化内容,自然消除了读者理解的障碍。纯粹无法被西方读者理解的文化适当省略或删除,从表象上看,这种选择违背了忠实的标准,汉语原文的文化信息在这个过程中被抹杀和忽略,却提高了译文读者对东方文化的欣赏期待和接受能力,符合读者有限的理解能力。文化隐形翻译策略还体现出译者重视受众的需求,面对大众化的受众,要以感性为主,理性为辅,走平易近人的通俗化道路。

第四章　文化传播视角下英汉翻译的语言基础

　　翻译的过程就是语言转换与文化交流、传播的过程。可见，翻译涉及语言与文化两个方面，同时受这两个方面的影响。关于文化与翻译的关系，在上一章已经进行了介绍，这里将重点分析英汉翻译的语言基础。英汉翻译就是英汉两种语言相互转换的过程，要想顺利翻译，译者首先要了解英汉语言的差异以及这些差异对翻译造成的影响，其次要掌握相应的翻译技巧。对此，本章将对文化传播视角下英汉翻译的语言基础进行探究。

第一节　英汉词汇差异及其翻译技巧分析

　　词汇是语言的基本要素，是组成语言的细胞，英汉语言的词汇颇丰，但语序及逻辑有着很大差异。对英汉词汇差异进行分析，可加深对英汉词汇的了解，也能对翻译起到一定的指导作用。本节首先对英汉词汇差异进行分析，然后在此基础上介绍英汉词汇的常用翻译技巧。

一、英汉词汇差异分析

　　词是语言中能够独立运用的最小单位，具有一定的形式，并表达一定的意义。[①] 其作为最基本的语言材料，在翻译过程中对

---

　　① 何善芬.英汉语言对比研究[M].上海:上海外语教育出版社,2002:99.

于准确再现源语含义起着举足轻重的作用。英汉文化背景和思维方式差异巨大,因此英汉词汇在语义、搭配、构词、词序等方面也存在诸多不对应的情况,如果在翻译过程中不加以注意而进行简单的对应翻译,必然造成误译或错译。下面就从不同的层面对英汉词汇差异进行具体分析。

(一)英汉词汇语义差异

经研究发现,英汉词汇语义存在三种对应情况,即完全对应、部分对应、语义空缺。

1.英汉词汇语义完全对应

因为人类生存在同一个物质世界,对一些客观事物有着共同的认识,并通过语言加以描述,所以在英汉语言中,有些词汇的词义是完全对应的。这些词汇多是描述客观事物的词汇,如表示事物名称的专有名词、专业术语等。例如:

human 人类

nature 自然

country 国家

computer 电脑

radar 雷达

Harvard 哈佛大学

colitis 结肠炎

这类词的词义单一,基本是一词一义,在任何语言环境中它们的意义都是完全对应的。这类词的翻译难度也较小,只要找到对应词即可。

2.英汉词汇语义部分对应

英语词汇灵活多变,对语境的依赖性较强,汉语词汇则表意准确、言简意赅。英汉词汇特点的不同使得英汉词义所指范围的广度与狭度有所不同,因而产生词义不完全对应的情况,即出现一对多或多对一的关系,即部分对应。

以称呼语为例,英语中表示称呼的词的语义要比汉语中表示称呼的词的语义范围更广一些,需要依据具体语境来判断。例如,brother既指"哥哥"也指"弟弟",aunt既指"姑姑""婶婶",也指"姨妈""阿姨",类似的还有parent,sister,cousin等。此外,英语中的一些形容词也有着非常广的词义。例如,bright这一形容词就有五种含义:光明的,如a child with a bright future(有前途的孩子);发光的,如bright sunshine(灿烂的阳光);颜色鲜艳的,如bright green(翠绿);活泼的,如a bright personality(个性爽朗);有智慧的,如a bright idea(高明的见解)。很显然,bright词义的广度要明显比汉语中"光明的"这一形容词词义的广度大。

但是汉语中也有一些词义比所对应英语宽的词汇,如汉语中的"吃""看""关"所包含的意义要比eat,look,close宽得多。"吃饭"不能说成eat rice,"看书"不能说成look book,"关灯"不能说成close light。再如,汉语动词"认为"可以对应英语中的consider,think,believe,insist,maintain,assert,conclude,argue等词。

由此可见,译者在翻译的过程中要仔细分析英汉词汇的对应情况,然后根据具体语境进行恰当翻译。

3.英汉词汇语义空缺

英汉语言中还存在很多词义不对应的词汇,这源于英汉文化的不同以及英汉语言形式特点的差异。英语中有些词汇所表达的词义在汉语中找不到相应的词来表达,如American dream,hippy等体现着西方特色文化的词语,在汉语中没有相对应的词语。而有些体现着汉语文化特色的词汇在英语中也找不到含义等值的对应词,如"饺子""粽子""旗袍"等。

(二)英汉词汇搭配差异

词的搭配是指词与词之间的一种横向组合关系,即词的同现关系。① 在搭配方面,英汉词汇具有一些相似之处,但也存在巨大差异,如果用汉语的搭配关系代替英语词汇的搭配关系,往往会导致用词不当或表达不规范。对英汉词汇的搭配能力进行比较分析,可以深入了解英汉语言的表达习惯,确保翻译的准确进行。

英语中的一些形容词有着很宽的搭配范围,可以和多个不同的名词搭配,如 thick 可以与 board,man,fog,weather,head 等搭配,但汉语中的对应词"厚、浓"的搭配范围窄很多,汉语中可以说"厚模板""浓雾",但"厚、浓"不能与"天气、头脑"相搭配,thick weather 和 thick head 在汉语中的对应表达是"阴霾的天气""迟钝的头脑"。而汉语中的"假"也不能用英语中的 false 来全部概括,"假牙""假花""假币""假画"在英语中的表达是 false teeth,artificial flower,counterfeit money,fake pictures。

(三)英汉词汇构词法差异

词汇并不是固定不变的,而是会随着社会的发展而不断变化。随着时间的推移,语言中会逐渐出现一些不合时宜的过时词汇,同时人们也会创造出新的符合社会发展的词汇。实际上,新词汇的产生会遵循一定的规则,有其规律可循,而词汇的这种"弃旧创新"的过程就是一种规律,即构词法。英汉构词法具有某些相同之处,但也存在一些差异,分析如下。

1.词缀法

词缀法是指由词缀(前缀、后缀)和词根相结合来构成单词的方法。

(1)英语词缀法

词缀法是英语构词法的核心,又可分为前缀法与后缀法。

①前缀法。前缀法是指在词根的基础上添加前缀从而构成新词的方法。前缀构词法通常会改变词义,但对词性的影响很

---

① 杨丰宁.英汉语言比较与翻译[M].天津:天津大学出版社,2006:23.

小。按照意义进行划分,英语前缀大致有以下九类。[①]

表否定的前缀,如 in-(变体 ir-,il-,im-),non-,dis-,un-等。

表贬义的前缀,如 mis-,mal-,pseudo-等。

表方向态度的前缀,如 contra-,pro-,anti-,counter-等。

表时间的前缀,如 fore-,pre-,ex-,post-,re-等。

表反向或缺失的前缀,如 dis-,de-,un-等。

表程度的前缀,如 co-,hyper-,micro-,out-,sub-,sur-,under-,arch-,extra-,macro-,mini-等。

表方位的前缀,如 fore-,intra-,tele-,extra-,inter-等。

表数的前缀,如 di-,semi-,hemi-,uni-,multi-,demi-等。

其他前缀,如 neo-,proto-,auto-,pan-,vice-等。

下面来看一些通过前缀法构词的例子。

international 国际组织

anti-knock 抗震的

counterattack 反击

rebuild 重建

reconsider 重新考虑

postscript 附言

pre-emptive 先发制人的

unwrap 打开,展开

subdue 征服

proverb 格言

②后缀法。后缀法是指在词根的基础上加上后缀构成新词的方法。后缀法会改变词的词性,但对词义影响不大。英语后缀包含以下四种类型。

第一,名词后缀。名词后缀只用于构成名词。常见的名词后缀有-age,-dom,-ee,-ry/-ery,-hood,-ness,-(t)ion,-ity 等。例如:

wastage 浪费(量)

---

① 张维友.英汉语词汇对比研究[M].上海:上海外语教育出版社,2010:62-63.

postage 邮费

wisdom 智慧

martyrdom 牺牲

machinery 机械

surgery 外科手术

第二,动词后缀。动词后缀通常加在名词和形容词后构成动词。常见的动词后缀有-ate,-en,-fy/-ify,-ize(ise)等。例如:

shorten 变短

classify 分类

criticize 批评

第三,形容词后缀。形容词后缀只用于构成形容词。常见的形容词后缀有-able,-al,-ful,-ive,-less 等。例如:

eatable 可食用的

washable 耐洗的

interrogative 疑问的

careless 粗心的

第四,副词后缀。副词后缀只用于构成副词。常见的副词后缀主要有-fold,-ly,-ward(s),-wise 等。例如:

tenfold 十倍

recently 最近

upward 向上

(2)汉语词缀法

汉语中词缀的数量较少,而且加缀情况不固定,功能也没有英语明显。汉语中的词缀构词主要有以下三种形式。

①前缀,其形式为:词缀＋词根。例如:

阿妹

老虎

小李

②后缀,其形式为:词根＋词缀。例如:

椅子

胖子

新生

③叠音后缀,其形式为:词根＋叠音词缀。例如:

红彤彤

绿莹莹

暖洋洋

可以看出,英汉词缀并不存在一一对应的关系,有些汉语词缀可以同时对应多个英语词缀。

2. 缩略法

所谓缩略法,简单来说就是对字或词进行缩略和简化。

(1)英语缩略法

英语缩略词的数量较多,归纳起来主要有四种类型:字母缩合式、节略式、混合式、数字概括式。

①字母缩合式缩略词。字母缩合式缩略词是指提取一个短语或名称中的首字母或其中的某些字母进行缩合而形成的节略词。例如:

kilogram→kg(公斤)

nuclear bomb→N-bomb(核弹)

sound navigation and ranging→sonar(声呐)

②节略式缩略词。节略式缩略词是指截取全词中的一部分,省略另一部分构成的缩略词。节略式缩略词又包括以下几种。

第一,取头去尾。例如:

Wednesday→Wed.(星期三)

gentleman→gent(绅士)

第二,去头取尾。例如:

earthquake→quake(地震)

helicopter→copter(直升机)

第三,取头尾去中间。例如:

employed→empd(被雇佣的)

department→Dept(部门)

第四,去头尾取中间。例如:

influenza→flu(流感)

refrigerator→fridge(冰箱)

③混合式缩略词。混成式缩略词一般是将两个或两个以上的单词用某种方法组合在一起构成新词,具体包含以下四种结构方式。

第一,A头+B尾。例如:

high+fidelity→hi-fi(高保真)

situation+comedy→sitcom(情景喜剧)

第二,A头+B头。例如:

communications+satellite→comsat(通信卫星)

teleprinter+exchange→telex(电传)

第三,A+B尾。例如:

tour+automobile→tourmobile(游览车)

work+welfare→workfare(劳动福利)

第四,A头+B。例如:

telephone+quiz→telequiz(电话测试)

automobile+camp→autocamp(汽车野营)

④数字概括式缩略词。数字概括式缩略词可分为以下两种。

第一,提取并列成分中相同的首字母或对应字母,并用一个数字概括,放在词前。例如:

peace,petroleum,Palestine→the three P's(中东三大问题:和平、石油、巴勒斯坦)

copper,cotton,corn→the three C's(三大产物:铜、棉花、玉米)

第二,用一个有代表性的词概括出词汇所代表事物的性质或特征,并前置一个表示数量的数字。例如:

Aglaia,Euphrosyne,Thalia→the three Graces(三女神)

earth,wind,water,fire→four elements(四大要素)

（2）汉语缩略法

汉语中的缩略词主要有四种，即截取式缩略词、选取式缩略词、提取公因式缩略词、数字概括式缩略词。

①截取式缩略词，即用名称中一个有代表性的词代替原有的名称而构成的缩略词。例如：

万里长城→长城

湖南、湖北→两湖

②选取式缩略词，即将词汇中有代表性的字选取出来而形成的缩略词。例如：

文学艺术→文艺

扫除文盲→扫盲

少年先锋队→少先队

中国人民政治协商会议→政协

③提取公因式缩略词，即将全称中相同的部分提取出来，用剩下的部分来构成新词。例如：

优点、缺点→优缺点

工业、农业→工农业

进口、出口→进出口

④数字概括式缩略词，即用数字来概括相同部位或根据词的特点总结出一个可以代表这些特点的抽象概括词，然后在其后面加上数字。例如：

工业现代化、农业现代化、国防现代化、科学技术现代化→四化

稻、黍、稷、麦、豆→五谷

3.复合法

复合法是指将两个或两个以上的词或字按照一定次序排列构成新词的方法。英汉语言中均使用这种方法来构成新词。

（1）英语复合法

根据复合词的词性，英语复合词可以分为复合名词、复合形容词、复合动词。

①复合名词。复合名词是英语中最常见的复合词,构成方式有以下几种。

名词+名词。例如:

football 足球

postcard 明信片

动词+名词。例如:

chopsticks 筷子

haircut 理发

形容词+名词。例如:

blackboard 黑板

deadline 截止日期

副词+名词。例如:

afterthought 事后想到的事物

off chance 不容易有的机会

介词+名词。例如:

afternoon 下午

by-product 副产品

名词+动词。例如:

heartbeat 伤心

snowfall 降雪

名词+-ing。例如:

handwriting 书法

air-conditioning 空调

动词+副词。例如:

makeup 化妆品

takeover 接管

副词+动词。例如:

offset 抵消

intake 摄入

副词+-ing。例如:

uprising 起义

up-bringing 抚养孩子

-ing＋副词。例如：

going-over 彻底检查（检修）

taking-off 起飞

②复合形容词。复合形容词的构成方式主要有以下几种。

动词＋名词。例如：

cut-price 廉价的

cross-country 横穿全国的

名词＋形容词。例如：

life-long 终身的

duty-free 免税的

形容词＋名词。例如：

short-term 短期的

half-hour 半小时的

形容词＋形容词。例如：

red-hot 炽热的

good-temperer 脾气好的

名词＋-ing。例如：

time-saving 省时间的

peace-loving 爱好和平的

形容词＋-ing。例如：

good-looking 好看的

familiar-sounding 听起来熟悉的

副词＋形容词。例如：

all-mighty 无所不能的

evergreen 常绿的；永葆青春的

副词＋-ing。例如：

oncoming 即将来到的

well-meaning 善意的

③复合动词。复合动词主要是通过转类(conversion)和逆生(back-formation)产生的。

第一,由复合名词转化而来的复合动词。例如:

nickname(*n.* 绰号)→to nickname(*v.* 给人起绰号)

moonlight(*n.* 月光)→to moonlight(*v.* 赚外快)

第二,由复合名词或形容词逆生而成的复合动词。例如:

hen-pecked(*a.* 怕老婆的)→to hen-peck(*v.* 管治丈夫)

baby-sitter(*n.* 保姆、看管孩子的人)→to baby-sit(*v.* 看孩子)

(2)汉语复合法

与英语复合法相同,汉语复合法也可以构成动词、名词、形容词等,还可以构成代词、连词等。但不同的是,汉语词汇由语素构成,构词不仅可以根据词性来分类,还可以根据语素之间的关系来分类,即主谓关系、动宾关系、动补关系、偏正关系等。例如:

主谓关系:国营、自卑

动宾关系:举重、跳舞

动补关系:开发、推行

偏正关系:鸟瞰、雪白

(四)英汉词序差异

一个句子主要由主语、谓语动词、宾语、表语、定语、状语等成分组成,而英汉句子成分中主语、谓语动词、宾语和表语的词序基本一致,但作定语和状语的词汇其词序存在差异。也就是说,英汉词序差异主要体现在定语和状语上。

1.定语的位置

定语主要由单词、短语和主谓结构充当,用于修饰名称成分。英语定语一般置于修饰语之后,只有部分以单词形式出现的定语置于修饰语之前,而汉语定语一般置于修饰语之前。例如:

他是一个年老/年轻的人。(前置)

He is an/a old/young man. (前置)

他不愿意穿任何会使他显得与众不同的衣服。（前置）

He won't wear any clothes which will make him different from others.（后置）

2. 状语的位置

状语主要用于修饰形容词、动词和其他状语成分。英语中状语的位置较为灵活，一般根据所修饰词语的性质和转喻本身的情况来决定其在句中的位置，而汉语中状语的位置较为固定，通常置于所修饰词语的前面。①

（1）单词作状语

当单词作状语修饰形容词或其他状语时，英汉语言中状语的位置相同，都置于所修饰的词之前。例如：

This is very exciting news.

这是非常振奋人心的消息。

当单词作状语修饰动词时，英语状语一般位于所修饰的动词之后，汉语状语则位于所修饰的动词之前。例如：

They walks slowly.（后置）

他们慢慢地走着。（前置）

（2）短语作状语

英语中短语作状语可放在被修饰的动词之前或之后，汉语中短语作状语通常放在动词前面，有时也放在动词后面。例如：

The captain looked the boy over from head to foot.（后置）

队长从头到脚把小男孩打量了一遍。（前置）

（3）时间状语和地点状语

英汉语言中的时间和地点状语在所处位置和语序上也有显著差异。英语中的时间和地点状语一般位于句末，而汉语中的时间和地点状语一般位于句中主语之后谓语之前。当时间状语和地点状语同时出现时，英语中是先地点状语后时间状语，汉语中

---

① 杨蕙. 英汉词汇对比在翻译中的应用[J]. 贵州民族学院学报，2009，(1)：171.

则是先时间状语后地点状语。在语序上，英语中的时间和地点状语的语序是从小到大，汉语中的时间和地点状语的语序则是从大到小。例如：

The poet died on Monday morning in July 1986.（后置）

这位诗人于 1986 年 7 月的一个星期一的早晨去世了。（前置）

二、英汉词汇翻译技巧分析

对词汇进行翻译，不仅要充分了解英汉词汇之间的差异，而且要恰当运用翻译技巧，这样才能使翻译准确、高效。以下就对英汉词汇翻译的技巧进行具体分析。

（一）根据上下文进行翻译

上下文之间的内在联系构成了特定的语言环境，这不仅是判断词义的重要条件，而且是衡量所选词义是否正确的重要依据。无论是一个单词、一个词组或者是一句话，其意义的理解都离不开上下文。例如，没有一定的语境或上下文，很难判断"Fire!"到底是上级下达命令"开火!"还是人们喊"着火了!"也无法判断"Not at all"意思究竟是"一点也不"还是"不用谢"。[①] 因此，在翻译时要充分利用上下文语境来判断词义，进而在译入语中准确选择词语进行翻译。具体可以通过以下方式来判断词义。

首先，根据文中所述各事物间的内在联系来判断词义。例如：

Suddenly the line went limp. "I'm going back. "said Smith. "We must have a break somewhere. Wait for me. I will be back in five minutes. "

引爆线突然耷拉下来。史密斯说："我回去看看。一定是某个地方断了线。等一下，我五分钟就回来。"

---

① 张军燕.浅析英汉词汇翻译技巧[J].科技信息,2008,(14):234.

句中 have a break 的基本含义是"休息一下",但如果这样翻译显然不合理,根据上述语境,将其译为"断了线"更准确。

其次,根据组成文章的词句之间的语法关系来判断词义。例如:

Thus SF is not only change speculator but change agent, sending an echo from the future that is becoming into the present that is sculpting it.

科幻小说不仅仅是变化的构思者,而且还是变化的实施者,使诱人的未来与正在塑造未来的今天遥相呼应。

句中 is becoming 孤立来看是一个"be+动词进行时"结构,可以翻译为"正在变成",但是如果这样理解,其后面应该跟表语,跟 into 是不合语法的。在上述句子结构中,becoming 不可能是联系动词,而应该是形容词,意思为"诱人的、吸引人的",is becoming 相当于 is attractive。

(二)根据搭配进行翻译

由于历史文化背景的差异,英汉语言有着各自固定的词组和搭配,而且词汇的搭配能力也不相同,因此翻译时必须注意英汉词汇的这种区别,根据搭配关系进行翻译,以免引起误解。

例如,英语形容词 heavy 可以和不同的名词搭配,但在下列搭配中就要根据其词义找出相对应的汉语词语来表达。

heavy crops 丰收

heavy news 令人悲痛的消息

heavy sea 汹涌的大海

heavy road 泥泞的道路

汉语中的"浓"有"含某种成分多""深厚"之意,但在下列搭配中须根据其词义找出相对应的英文词语来表达。

浓郁 rich

浓茶 strong tea

浓眉 heavy eyebrows

浓云 thick cloud

（三）根据词性进行翻译

在英语中，很多词汇往往具有不同的词性，即一个词可能是名词也可能是动词。因此，在翻译时首先要确定该词的词性，然后选择与之相匹配的意思。例如，like 作为形容词，其含义是"相同的"；作为介词，其含义是"像……一样"；作为名词，其含义是"喜好"。

第二节　英汉句法差异及其翻译技巧分析

句子由词汇组成，是用于交际的基本语言单位，能够独立表达相对完整的意思。英汉句子具有相同之处，但不同的语言体系和文化背景使得它们有着各自的特点。在进行句子翻译时，首先要了解英汉句子的差异，这对翻译的进行具有重要指导作用，其次要恰当运用翻译技巧，这是确保翻译有效进行的基础。

一、英汉句法差异分析

（一）英汉形合与意合差异

美国翻译学家尤金·奈达（Eugene A. Nida）指出，从语言学的角度来说，英汉语言最主要的区别就在于形合与意合的区别。[①]英语更注重形合，造句时注重形式的连接，常通过丰富的连接手段来确保句子的结构完整，句式结构规范严密。汉语更注重意合，造句时较少使用连接词，而是注重意念的连贯，一般不追求句子结构的整体，句子常以意役形、以神统法。

---

① 马昕.英汉句子结构对比分析[J].学科探究,2017,(3):261.

在写作英语或商务英语等正式英语中,常会看到词性的变化、连接词、介词等组成逻辑缜密、结构严谨的各种词句。汉语虽有形合,但更加注重意合,虽然也注重形式上的词语搭配,但更加注重表达的意思。

由于形合与意合的区别,英汉常见句式也不相同,英语多复合句,汉语多简单句。英语重形合的特点使得英语句子结构像一棵大树,主干很短,但是分支很多,枝繁叶茂。汉语重意合的特点使得汉语句子像竹子,地上根根分离,地下盘根错节,更像集句成章。相比之下,英语的复合句较多,而且结构复杂,汉语的简单句较多。例如:

I hope her health will have improved greatly by the time we come back next year.

我希望到明年我们回来的时候,她的健康状况有很大改善。

由上例可以看出,英语复合句译成汉语之后成了符合汉语表达习惯的简单句,但表达的意思和英语复合句是相同的。

(二)英汉句子重心差异

英汉句子重心存在着显著的差异,具体表现为英语句子重心在前,汉语句子重心在后。英语句子一般将重要信息置于句首,次要信息置于句尾;汉语句子则通常将重要信息置于句尾,次要信息置于句首。具体而言,英汉句子重心差异集中体现在以下两个方面。

1. 原因和结果

英语句子通常先说结果,然后再对导致这一结果的原因进行分析。在汉语句子中,往往是先陈述具体原因,然后在句子结尾部分重点陈述结果。例如:

生活中既有悲剧,文学作品就可以写悲剧。

Tragedies can be written in literature since there is tragedy in life.

对比上述例子可以看出,原文和译文中原因和结果的位置恰好相反。

2.结论与分析

英语句子常是结论在前,分析在后,即开门见山,先对结论加以说明,然后逐步加以分析。汉语句子则是先逐条分析,提出实施依据,最后得出结果。例如:

The solution to the problem of Southern Africa cannot remain forever hostage of the political maneuvers and tactical delays by South Africa nor to its transparent proposals aimed at procrastination and the postponement of the solution.

不管是南非要政治花招与策略上采取拖延手段,还是提出明显是在拖延问题解决的建议,都不能永远地阻止南部非洲问题的解决。

揭穿这种老八股、老教条的丑态,展示给人们看,号召人们反对老八股、老教条,这是五四运动时期的一个伟大功绩。

A tremendous achievement of the May 4th Movement was its public exposure of the ugliness of old stereotype and the old dogma and its call to the people to rise against them.

(三)英汉语态差异

英汉民族不同的思维方式使得他们在语言上倾向于选用不同的语态。英语民族的思维模式具有客观性特征,因此英语中多被动语态,而汉民族的思维模式具有主观性特征,因此汉语中多主动语态。

西方人十分注重物质世界的自然规律,而且热衷于探究自然现象的原理,善于探究自然真理。体现在语言上,他们习惯采用被动语态对活动、事物规律或者动作承受者加以强调。例如:

The shirt is made of polyester.

这个衬衫是用涤纶制成的。

受中国传统主体思维的影响,汉语表达往往习惯于标明动作的施行者,多使用主动句,或从主动的角度表达被动的含义。因此,汉语中常见主动句,而鲜有被动句。当无法确定动作执行者时,往往会用"有人""大家""人们"等泛称词语来表达。如果没有泛称词语,也可以采用无人称,就是所谓的"无主句"。

二、英汉句法翻译技巧分析

(一)长句的翻译技巧

上文提到,英语中复合长句较多,在翻译长句时,就要了解英汉长句的特点与差异,并根据具体情况运用以下几种翻译技巧。

1. 顺译

当英语表达顺序和汉语表达顺序基本一致时,就可以采用顺译这种翻译方法。采用顺译技巧并不意味着按照原文顺序逐词翻译,而是允许小范围、局部的词序变动。例如:

As soon as I got to the trees I stopped and dismounted to enjoy the delightful sensation the shade produced:there out of its power I could best appreciate the sun shining in splendor on the wide green hilly earth and in the green translucent foliage above my head.

我一走进树丛,便跳下车来,享受着这片浓荫产生的喜人的感觉:通过它的力量,我能有心情赏玩光芒万丈的骄阳,它照耀着开阔葱茏、此起彼伏的山地,还有我头顶上晶莹发亮的绿叶。

2. 逆译

当英汉句子表达顺序差异较大或完全相反时,就可以采用逆译法进行翻译,即逆着原文的顺序进行翻译。例如:

A great number of graduate students were driven into the intellectual slum when in the United States the intellectual poor became the classic poor, the poor under the rather romantic guise of the beat generation, a real phenomenon in the late fifties.

20 世纪 50 年代后期，美国出现了一个任何人都不可能视而不见的现象，穷知识分子以"垮掉的一代"这种颇为浪漫的姿态出现而成为美国典型的穷人，正是这个时候大批大学生被赶进了知识分子的贫民窟。

3. 拆译

拆译是将句子中的某个词、词组或从句等成分拆分出来进行翻译，以突出重点。这种翻译方法适用于英语长句中的主句与从句或主句与修饰语之间联系不太紧密的情况。例如：

As we lived near the road, we often had the traveler or stranger visit us to taste our gooseberry wine, for which we had great reputation, and I confess, with the veracity of an historian that I never knew one of them to find fault with it.

我们就住在路边。过路人或外乡人常到我们家，尝尝我们家酿的酸果酒。这种酒很有名气。我敢说，尝过的人，从没有挑剔过。我这话像历史学家的话一样靠得住。

4. 合译

合译是将英语原文中两个或两个以上的词语或句子合译为一个汉语词语或句子。例如：

Our marketing director is going early to participate in the conference beforehand, and the rest of us will leave next Thursday to set up. The show opens on Friday. The exposition will last three days, so Sunday is closing.

我们市场部主任打算提前参加会议，其余的人下周四出发去布置。展览会周五开幕，持续三天，周日闭幕。

（二）被动句的翻译技巧

对于被动句的翻译，可以采用以下几种技巧。

1.转化为主动句

通过上文可知，英语中多使用被动句，汉语中多使用主动句，在翻译时就要进行适当转换，即将英语被动句转化为汉语主动句，以使译文符合汉语的行文习惯。例如：

The boat was soon lost sight of in the fog.

不久小船在雾中看不见了。

2.转化为被动句

在翻译英语被动句时，也可以将其译为汉语被动句，即译成含有"让""被""受""为……所"等词语的有形标记的被动句，也可以译成无形态标记的但逻辑上属于被动的被动句。例如：

The little boy was scolded by his mother for his smoking.

因为吸烟，这个小男孩挨了妈妈的骂。

3.转化为无主句

汉语是主题显著的语言，"主题＋述题"是汉语的典型结构，而句子主语未必是主体，所以汉语中有很多无主句。当句子中无法说明动作的施行者时，英语中会用被动句来表达，而汉语则会使用无主句。对此，在翻译英语被动句时，可将其译为汉语无主句。例如：

You are requested to finish this task before tomorrow evening.

请你在明天晚上之前完成这项任务。

4.转化为判断句

如果英语中被动句表达的是判断的意义，那么在翻译时就可以将英语的被动句转化成汉语的判断句。但是进行转换时，一般将英语原文的主语转化成译文的主语，当然也有特殊情况，即将英语原文的主语转换成其他主语。例如：

Iron is extracted from iron ore.

铁是从铁矿中提炼而来的。

The Paper-making technology is developed in ancient China.

造纸术是中国古代的一项发明。

5.转化为泛化主语

如果英语被动句中未指明动作的执行者，翻译时可适当增添一些诸如"有人""人们""大家""众所周知"等泛指性主语。例如：

Mr. Yao Ming has been accepted as a leading basketball player in China.

大家已经把姚明公认为中国篮球的领军人物。

第三节　英汉语篇差异及其翻译技巧分析

语篇是由一个以上的语段或句子组成的语言整体，各成分之间在形式上是衔接的，在语义上是连贯的。英汉语篇在很多方面存在着相似之处，但在很多方面也存在着显著差异。深入了解英汉语篇的异同，对语篇的翻译有着重要的指导作用。本节将对英汉语篇差异及其翻译技巧进行具体分析。

一、英汉语篇差异分析

(一)英汉语篇模式差异

对英汉文章中段落的组织结构进行比较可以发现，英汉语篇模式有着不同的特点，即英语语篇具有直线发展的特点，汉语语

篇具有螺旋发展的特点。^①

具体来讲,直线型语篇模式是先开门见山地说明主题,然后详细介绍事件的来龙去脉。螺旋型语篇模式则先对主题进行铺垫,然后逐步切入主题。这种差异实际上反映了英汉民族的不同思维模式,下面通过一个具体实例来分析英汉语篇模式的差异。

The village of Marlott lay amid the northeastern undulations of the beautiful Vale of Blackmore or Blackmore aforesaid, an en-girdled and secluded region, for the most part untraded as yet by tourists or landscape-painter, though within a four hours' journey from London.

(Hardy: *Tess of the D'Urbervilles*)

前面说过的那个美丽的布雷谷或布莱谷,是一处群山环抱、幽静偏僻的地方,虽然离伦敦不过 4 个钟头的路程,但是它的大部分都不曾有过游历家和风景画家的足迹。马勒村就在它东北部那块起伏地带的中间。

(张若谷 译)

通过比较可以发现,原文直截了当以主题"马勒村"为主位和重心,由里向外扩展,直到远涉伦敦;译文则以一个已知信息为主位,先远涉伦敦,再迁回到近旁、作为主题的马勒村。

(二)英汉语篇衔接手段差异

英国语言学家韩礼德(Halliday)在《英语中的衔接》一书中提出了"衔接"这一概念,认为衔接是构筑语篇的一种非结构性关系。具体而言,衔接是指语篇中的不同成分在意义上呈现相关性的现象。语篇衔接手段有词汇衔接和语法衔接两种类型。其中,语法衔接手段又包括照应、替代、省略、连接四种类型。英汉词汇衔接手段基本相同,但英汉语法衔接手段存在差异。因此,这里主要对英汉语法衔接手段的差异进行分析。

---

① 郭富强. 意合形合的汉英对比研究[D]. 上海:华东师范大学,2006:184.

1. 照应

在语篇中,如果对一个词语的解释不能从词语本身获得,而必须从该词语所指的对象中寻求答案,那么就产生了照应关系。[①]照应属于一种语义关系,是指语篇中的成分作为另一个成分的照应点。在照应关系中,通过上下文定位,读者可以找出指代成分的具体含义。英汉语篇中都存在照应这种衔接手段。例如:

Readers look for the topics of sentence to tell them what a whole passages is "about", if they feel that its sequence of topics focuses on a limited set of related topic, then they will feel they are moving through that passage from cumulatively coherent point of view.

本例中,they 与 readers 构成照应关系。

她不是鲁镇人。有一年的冬初,四叔家里要换个女工,做中人的卫老婆子带她进来了,头上扎着白头绳,乌裙,蓝夹袄,月白背心,年纪大约二十六七,脸色青黄,但两颊却还是红的。卫老婆子叫她祥林嫂,说是自己母家的邻舍,死了当家人,所以出来做工了。

上述文字中的三个"她"都指祥林嫂,从而使整段语篇成为前后衔接的一个整体。

在类型上,英汉语篇中的照应基本相同,都包含人称照应、指示照应、比较照应等,但在使用频率上,英语语篇使用人称代词的频率要远高于汉语,这主要是因为英语语篇讲究避免重复,而汉语行文习惯使用实称的表达方式。

2. 替代

替代是指为求简约达意,通过替代词来取代上下文出现的其

---

① Halliday, M. A. K. & Hasan, R. *Cohesion in English*[M]. London: Longman, 1976: 31.

他词语,而被替代的部分可以从上下文中找到。① 使用替代这一衔接手段,不仅可以连接上下文,而且可以有效避免上下文语义的重复。

英汉语篇中都有替代这一衔接手段,而且都包含名词性替代、动词性替代和分句替代几种类型,但是使用的频率有所不同。英语语篇中使用替代手段的频率要远高于汉语语篇,这是因为汉语多习惯借助原词复现的方式来达到语篇的衔接与连贯。例如:

Efforts on the part of the developing nations is certainly required. So is a reordering of priorities to give agriculture the first call on national resources.

发展中国家做出努力当然是必需的。调整重点,让国家的资源首先满足农业的需要,这当然也是必需的。

3. 省略

省略是指为了避免重复、突出新信息,把语篇的某一成分省略,而被省略部分需要借助上下文才能得以理解。② 省略以较少的词来表达一个完整的概念,可以说是语言交流的捷径,在语言使用中比较常见。

英汉语篇中都有省略这种衔接手段,但在使用频率上有所不同,英语语篇中使用省略的频率要远高于汉语语篇,这是因为英语的省略多伴随着形态或形式上的标记,不易引起歧义。例如:

每个人都对他所属的社会负有责任,通过社会对人类负有责任。

Everybody has a responsibility to the society of which he is a part and through this to mankind.

上述例子中,英语中用 to 这一形式标记来说明省略的动词成分,因此句子显得前后连贯、结构紧凑,但汉语则习惯重复这一

① 马慧.英汉语篇衔接手段对比及其翻译[D].兰州:兰州大学,2017:13.
② 同上,第15页。

成分。

4.连接

连接指语篇中句与句之间的逻辑关系,连接词的运用不仅可以体现语篇各成分之间的逻辑关系,而且可以帮助人们了解句子之间的语义关系。①

英汉语篇在连接手段上的差异具体体现为,英语常借用连接词来显化句子之间的逻辑关系,而汉语小句之间的意义经常隐藏在字里行间,并不完全通过连接词语向读者传达。

二、语篇翻译方法讲解

(一)语篇衔接的翻译

衔接手段的使用可以使语篇更加流畅,可以使语义更加连贯。但衔接是否得当,关键在于能否被读者理解,能否让读者探究其主旨意义。这就要求译者详细分析原文语篇,依据逻辑选用恰当的衔接手段来构成完整的语义单位。例如:

I got some secretary who referred me to sales who referred me to accounting who referred me to data processing who referred me to public relations who referred me back to accounting.

有位秘书把我引荐到推销部,推销部把我引荐到会计部,会计部把我引荐到资料部,资料部把我引荐到公关部,公关部又把我引荐到了会计部。

在原文中,I got some secretary 是句子的主干,随后又出现了五个定语从句,who 与先行词形成了牢不可破的照应关系,因而关系代词缺一不可。但这一衔接形式在汉语中没有相对应的形式,因此翻译时就要借助重复手段将语义信息连贯起来。

---

① 马慧.英汉语篇衔接手段对比及其翻译[D].兰州:兰州大学,2017:17.

(二)语篇连贯的翻译

连贯是指以上下文情景为基础,通过逻辑推理来达到语义的连贯。连贯是词语、小句、句群在概念、逻辑上合理、恰当地连为一体的语篇特征。在翻译时,要充分理解语篇的意义和题旨,体会上下文的连贯意义,进而将句内、句间或段间的关系充分表达出来。例如:

划然长啸,草木震动。山鸣谷应,风起水涌。予亦悄然而悲,肃然而恐,凛乎其不可留也。反而登舟,放乎中流,听其所止而休焉。

译文 1:Suddenly a sharp cry was heard which seemed to make the plains tremble. The mountains and valleys echoed it,the wind arose and the water rushed on. I was so saddened and frightened that I could no longer remain ashore. So as I went back to the boat,which was sent drifting to the middle of the stream,I let it drift till it stopped of its own accord.

译文 2:I uttered a yell far up above;trees and grass were shaken;the peaks rumbled and the valleys answered in echo;water rushed out and gusts of winds started to blow. I was also shaken by sadness and became gravely struck with terror,sensing the impossibility of remaining there. I descended and returned to the boat;rowing to the mid-stream,I let it go by itself and to its rest float.

上述例句中的原文充分展现了汉语行云流水般的意合表达形式,句子短小简洁,而且没有形合手段,但是语义连贯,不会产生任何歧义。两个译文逻辑严谨、结构清晰,符合英语的形合表达习惯,而且语义连贯。

第五章　文化传播视角下英汉翻译的思想基础

众所周知，翻译不仅是两种语言之间的转换，更是两种文化之间的转换。因此，要想做好翻译工作，译者必须对翻译的语言与文化基础进行了解与把握。上面一章节已经分析了翻译的语言基础，本章就承接上一章，对文化传播视角下英汉翻译的思想基础展开分析和探讨。

第一节　英汉价值观念差异

一般来讲，价值观具有稳定性，但是这种稳定性是相对的。具体来说，如果条件不发生改变，人们对某些事物的评判是相对稳定的。价值观是基于社会、家庭的影响产生的，如果人们的经济地位发生改变，价值观也会发生改变。中西方民族所持有的价值观显然是不同的，下面就来具体分析这两个民族的价值观差异。

一、天人二分与天人合一

（一）西方人提倡天人二分

在西方国家，人们大多认为世界是客观的，是与人对立的一个存在，即主客二分，人作为社会的主体，想要认识和了解世界，就需要站在对立面对自然界进行认真的观察、分析、研究，如此才能从根本上了解和认识大自然,领悟大自然之美。换言之,西方人的文化审美强调对大自然进行模仿,认为文化就是对大自然的一种模仿。

希腊是西方古代文化的发源地之一,这一地区最突出的文化艺术形式就是雕塑,其在很大程度上表现出西方人的审美观念与标准。除了雕刻,西方人还十分喜欢叙事诗,二者作为艺术领域的典型代表,都反映了西方社会主客二分的审美标准,是一种写实风格的体现。西方人认为,人对大自然的审美一般包括两种心理过程:畏惧、征服,因此人们对审美判断的最终结果往往也局限在这两种心理过程中。

(二)中国人提倡天人合一

众所周知,天人合一精神是中国传统文化的精髓,延续了数千年,在这一精神思想的影响下,人们在审美观念上主要体现为与大自然相融,人与大自然是一体的,强调艺术来自人的本心,并不是对外界事物的简单模仿。在中国古代历史上,很多哲学家、思想家都提倡天人合一的思想观念,他们认为艺术的表现同样应该体现出人与自然的天性,顺其自然,不可人为强制。

儒家所提倡的美学观点是美学自身不仅需要具有合理性的特征,还需要合乎伦理,与社会习俗观念相一致,实现"真""善""美"的统一。此外,中国古代历史上所形成的审美理论还重视体物感兴,即强调主体的内心与外在事物相接触。另外,中国古代人还认为人应该与自然、与他人、与社会保持一种和谐的关系,要懂得欣赏大自然,将自己融入大自然中,这被认为是审美的最高境界。

二、个人主义和社团主义

(一)西方人讲究个人主义

西方绝大多数哲学倾向和流派都强调"主客二分",把主体与客体对立起来。所以,西方人从一开始就用各种方法征服自然,强调个人奋斗的价值,对于个性、自由非常推崇,注重自我实现。需要指出的是,个人主义并不意味着个人利益比任何利益都高,而是需要在法定的范围内。从这一层面而言,个人主义也是一种健康的、积极的价值观。不得不说,个人主义有助于个人的创新与进取,但是如果过分强调个人主义,可能也会影响整个社会的亲和力。西方人以批判的眼光看待已有的知识,从而不断获取新的知识。西方人的独立精神以及对个人存在价值的尊重,使得西方人逐渐形成了求异忌同、标新立异的开拓精神。因此,西方文化在继承、批判的呼声中不断推陈出新,从而保持旺盛的生命力。

(二)中国人讲究社团主义

中国人从日月交替等现象中形成了"万物一体""天人合一"的意识。这种意识也体现在人与人之间的关系上,因此中国人群体意识强,强调集体价值高于个人利益,追求社会的和平统一。当遇到个人利益与集体利益发生冲突时,人们往往需要牺牲个人利益,与集体利益保持一致性。虽然这种情况在当代社会有所改变,但是中国人仍旧拥有着强烈的集体归属感。

同时,中国人以谦逊为美,随遇而安、知足常乐,而争强好胜、好出风头是不被看好的,所以自古就有"枪打出头鸟"这句俗语。因此,中国文化认为双数是个很吉利的数字,人们喜欢在双数的那天办事,如结婚就选择代表良辰吉日的双数。汉语中有关双数的词语往往都是褒义的,如"好事成双""双喜临门""六六大顺""十全十美"等。

三、重利轻义与重义轻利

(一)西方人的重利轻义观念

西方海洋文化所孕育出来的社会精神,使得西方人形成了一种以个人为中心的价值取向,个人的生存与发展都依赖于自己,每个人都要对自己的行为负责。家庭与个人的关系只是一种暂时的关系,在家庭中,成员是自由的,淡化个人对家庭的责任与义务,在财产归属上,西方沿袭的是"同居而异财"的方式,虽然同居但财产分属十分明确。

西方私有制的延伸导致父子、兄弟、夫妻都有自己的私有财产,夫妻之间的关系是平等的,血缘造成的家庭尊属关系必然被法律关系所取代。在人与人之间的关系上,西方文化强调平等与自由,要求人们爱人如己,西方人对这种处事原则多有认可。在很多情况下,当矛盾发展成为激烈的冲突时,人们往往诉诸法律。西方人具有十分强烈的法律意识,法律是调节人与人、人与社会之间冲突的一个有力杠杆。早在古希腊时代,人们就提出了"社会契约"的观点。

西方文化讲究人人平等、自由,注重人的人格与尊严,这对造就个人的创造性与开拓性,打造人的整体向上精神,无疑是不可或缺的思想动力。家庭观念淡化,家庭成员的地位平等,这有助于形成平等的人格意识,促进人的内在潜能的开发以及全面成长。不过个体本位也在淡化亲情关系,导致人际关系十分冷漠,人与人之间缺少必要的交流与沟通。家庭结构松散不利于整个社会的稳定与和谐发展,不利于社会向心力的加强,也不利于形成强大的民族凝聚力。

人与人、人与社会的关系提示了人的本质属性,即社会性,这一规定要求在对个人进行评价时要将人看作社会中的人,将人放入一定的社会关系中进行评价,任何一个人一旦脱离了一定的社会关系,就无所谓个人的能动性与创造性,也就谈不上个人价值,更不可能推动整个人类社会的进步与发展。

(二)中国人的重义轻利观念

中国受儒家文化的深刻影响,形成了重义轻利的观念。在义与利的关系上,儒家学说提倡"义以为上",要求把群体的利益放置于个人利益之上,突出"义"的普遍性和绝对化,反对唯利是图,力图通过这一观念来解决个人与社会的矛盾,协调个人与群体的关系,避免由于利益的冲突所产生的个人与社会的对立,这对维护社会的稳定无疑会起到很大的作用。在这种精神的渗透下,中国历史上确实出现了很多舍生取义的民族英雄,他们为了国家和民族的利益牺牲自己。

在古代中国,人们羞于谈利,甚至将追求个人利益当作一种耻辱,将追求金钱作为一种道德的偏斜。在一定程度上而言,过度鄙视利益,否定对物质的追求,不利于人的全面发展,在某种程度上萎缩了民族的进取意识,造成了一定的负面效应。

四、重个人与重道德

(一)西方人重个人

在西方,早在荷马时代人们就开始对道德展开了思考,到公元前4世纪,古希腊思想家亚里士多德第一个建立了伦理学。之后,伦理学就作为一门重要的学科在西方发展起来。20世纪之后,西方伦理学体系从内容到形式都发生了明显的变化,不过道德问题仍然是这一学科思考和研究的重要问题。

在西方,表示伦理的单词为 ethics,这一单词来自希腊语 ethos,本意是"本质""人格""风俗""习惯"。公元前4世纪,希腊哲学家亚里士多德创立了研究道德品性的学问,称为伦理学。在亚里士多德看来,德性分为伦理德性和理智德性。前者是由风俗习惯沿袭而来,后者主要是由教导和培养而形成的。伦理都是约定俗成的,是人们后天习得的。但不论如何,亚里士多德都认为行为的正当性在于它是合乎德性的行为,即表达了行为者的品德,行为者应该是有德的人。完美的生活与道德有关,因为道德在根本上牵涉到行为和人的德性问题。据此可知,西方伦理学主要是研究风俗习惯所形成的伦理道德。随后,西方伦理学作为哲学的一个分支逐渐发展起来,即道德哲学。这一分支主要研究的是关于对与错、善与恶的行为,研究什么是好的生活、如何做个好人以及何为正确的行为和事情。

与中国的伦理学一样,西方的伦理学也有着十分悠久的历史。西方伦理学的思想起始于亚里士多德、苏格拉底,这些哲学家非常重视自然哲学,主要探究万物的根源以及事物的本原,苏格拉底十分重视"人"的问题,认为人应该重视对灵魂的修养以及行为的规范。苏格拉底将西方的哲学从自然引向了生活实践,促使哲学开始沉思生活、伦理、善、恶等。

在苏格拉底看来,勇敢、虔诚、正义、节制等都是人应该具有的美德,这些都是善的。正是一些人缺乏道德信仰,或者有意否定道德信仰,促使哲学家柏拉图开始使用理性的思维方式来思考道德的意义,思考真、善、美的重要性。柏拉图认为,人之所以为人的本质就是遵循伦理的规定,正义是生活者的德性,也是真正的德性,个人要集正义、智慧、勇敢、责任于一身。

(二)中国人重道德

人伦与道德观念一直是贯穿中国社会的传统思想。中国人的人伦并不是社会学的观念,也不是生物学的观念,而是从道德角度来说的。中国古代就是一个宗法性的社会。所谓宗法性社会,指的是以亲属关系为其结构,以亲属关系的原理与准则调节社会的一种社会类型。换言之,宗法社会是这样一种社会,在这个社会中,一切社会关系都以家族为本,宗法关系以及其他社会关系都需要依照宗法的亲属关系进行调节,所以中国社会是"伦理本位"的社会。

在"伦理本位"的社会中,主导的原则不是法律而是情义,义务比权利更为重要。因此,法的观念在中国几千年的历史中并没有像在西方那样成为统治的主要手段,相反,情义成为中国文化的主要因素和约束力。中国是一个有着悠久伦理传统的国家,在中国传统的儒家思想中,伦理始终处于核心地位。自西周开始,中国就形成了伦理思想。西周建立了严密的宗法等级体制,在这一基础上形成了一系列宗法道德规范和伦理思想。到春秋战国时期,伦理思想主要是以儒家为主,"仁义"是儒家伦理思想的核心。

五、重竞争与重和谐

(一)西方人重竞争

从社会的发展历史可以看出,西方社会所表现出的典型特点就是"重商主义"。美国著名学者罗伯逊认为,美国社会的商业文明在1776年美国独立时就已经形成。

在西方社会,"权利、地位、声望、金钱"都不是天生就有的,并不能简单地通过继承遗产或者高贵的血统来获取。个人想要获取财富,实现自己的理想,只有通过自己的竞争才能实现。因此,西方人形成了强烈的竞争思维。

作为社会中的一分子,个人只有通过自己的竞争来获取资本以及各种机会,人应该勇于面对和接受各种挑战,将自己放在与他人竞争的同等位置,从而充分激发自身的潜力以及战斗力,通过行动来追求速度、结果、效率。西方人非常推崇达尔文所提出的进化论思想,"物竞天择"是西方人的人生信条之一。

(二)中国人重和谐

中国传统哲学以"天人合一"为最高境界,以和谐、统一为最终目标,并且儒家的中庸思想也主张社会方方面面的和谐一致。这可以从中国古代的生存环境和历史条件来说,其中蕴含了中国人和谐思维的根源。

中国是农业大国,在中国传统思想中,重农轻商、重本轻末。孟子说:"百亩之田,勿夺其时,数口之家可以无饥矣。"中国古代社会中流传的一个说法是"士、农、工、商",从这一排序中就可以明显看出商人的地位,商处于最末。中国古代社会之所以形成重农思想的根源,主要在于古代人以农耕为主,依据河流而生,长期处于一种自然的经济状态中。从事农业需要天时、地利、人和,因此中国人在长期的农业生产中形成了合作与协调的思维。例如,"远亲不如近邻""家和万事兴"等都是对和睦、和谐的推崇与追求。

六、求变与求稳

(一)西方人求变

相较于中国人求稳,西方人更倾向于求变,认为"无物不变",尤其对于美国这样一个多元移民的国家,人们为了满足基本的生存需要以及对物质的迫切需求,一直在求变、求创新。如果不进行创新,就无法追求更美好的生活。因此,美国人往往不会受传统的限制,也不会受教育、家庭、个人能力等条件的限制,而是不停地在变换中探求个人的最大潜力,从而实现个人价值的最大化。

在这种社会意义上的"频繁移动"的推动下,财富、机会等的流动越来越频繁,从而逐渐形成一个不断创新、标新立异的社会文化氛围。从小的方面说,服饰、家具装潢等都在不断创新,从大的方面说,政策、科技等也在不断更替,这些都明显体现了西方人求变的心态。

(二)中国人求稳

受儒家思想的影响,中国文化历来强调求稳求安,渴望祥和安宁。中国人习惯乐天知命,即习惯生活在祥和的环境中,知足常乐、相安无事,稍微发生变动,中国人往往会有杞人忧天、无所适从之感。同时,受农耕文明的影响,人们的价值观往往被禁锢在土地上,他们认为只有安居才能乐业,如果背井离乡,那么就会像游子一样漂泊无依。现如今，人们对于安居的理念也是根深蒂固的，认为即使蜗居在一个特别小的房子里，也会让自己有满足感。

七、直面冲突与避免冲突

(一)西方人直面冲突

在处理谈判关系时，西方人侧重将矛盾公开，然后投入大量时间、人力等对这些矛盾问题进行处理，从而实现预期的结果。在西方人眼中，谈判双方只有明白说出问题，然后才能将问题具体化，在考虑自身利益的情况下解决问题。

西方人对于数据、事实是非常看重的，不会刻意回避冲突，而是直面冲突，公开阐述自己的不同意见。当然，西方人在处理问题上也不会过于呆板，有时候会妥协，目的是尽快将协议达成。

(二)中国人避免冲突

在中国人眼中，人际关系非常重要，因此他们在谈判中往往会尽量避免冲突，认为这些冲突可以运用其他方式解决，如合作、妥协、和解等。如果在交际中发生冲突，中国人往往强调双方合作的益处，以抵消彼此的冲突以及冲突对彼此造成的不快。

例如，在处理冲突时，中国人为了避免冲突，往往在争议问题的基础上提出自己新的见解，或者提出一些折中的方案，避免这些争议问题升级，显然这体现出较高的灵活性，从而使谈判双方保持良好的交际关系。

中国人之所以维持这种交际关系，主要是由于如下两点原因。

(1)在中国人眼中，即便双方发生冲突，只要彼此的关系存在，对方就有义务考虑另一方的需要。

(2)只要彼此的关系存在，即便暂时未达成协议，也要为将来达成协议做准备。

八、分权处理与集权处理

（一）西方人的分权

西方文化对于竞争与平等是特别强调的，特别追求实际利益。因此，在西方人眼中，谈判是一种为了实现特定目标的手段与工具。西方人非常敏感于实质性的问题，而不太注重表面的仪式感。在实际的谈判中，西方人也非常坦率，直接步入正题，直面对问题的解决与处理。同时，他们认为个人关系与谈判业务之间并不存在多大关联，认为个人之间的关系仅仅是表面化的东西，为了要尽快解决问题，只有靠发展业务。

从以上的论述中可以体现出谈判中的一种价值观，即决策者与决策权的分离。从表面上看，参与谈判的可能就一到两个人，但是他们在去参加谈判之前，可能已经被决策机构赋予了较高权限，而且在这一两个人的背后已经有一个庞大的智囊团在出谋划策。

（二）中国人的集权

中国文化对于伦理本位是非常强调的，因此受其文化的影响，人们的价值观有一个重要表现，即人与人之间的等级关系。在封建社会，维系社会秩序，对人们的行为进行制约的一个重要准则就是"三纲五常"，这就是人与人等级观念的表现。在现代社会中，人们对于自己的上下级关系是非常看重的，这种纵向的关系极大地影响着人们的言行举止。

在国际商务谈判中，中国往往是众人谈判，一人拍板定夺。这种方式是存在一定风险的，因为如果这个拍板的人是一个外行的人，那么对谈判与利益是非常不利的。因此，对于中国人来说，应该处理好集权与分权的问题，不能过分地集权，应该尽可能让谈判小组获得更多的权力。

九、"女士优先"与"重男轻女"

(一)西方人的"女士优先"

在传统习俗中,西方对于女性是非常尊重的。在社交场合,妇女会有特别的优势,这受到中世纪欧洲骑士作风的影响。

在西方社交场合中,男子对于女士是处处爱护的,对女士也非常谦让,如 lady first 就是很好的体现。例如,在入座时,一般女士先入座;走在马路上,一般男子位于靠近马路的一侧;上下电梯时,让女士走前方;握手时,女士不必摘手套等。

(二)中国人的"重男轻女"

在中国旧社会,"重男轻女"的现象非常明显,即男女地位并不平等,提倡女子无才便是德,女人要缠足,要遵守三从四德等,这都体现出女子地位的卑微。

从新文化运动开始,女子的地位发生了改变,逐渐强调男女地位的平等,并且对妇女的权益予以保障,使女子逐渐从封建观念中解放出来。改革开放为人们开辟了新的天地,并且为妇女提供了展现自我的舞台。随着市场经济的发展与完善,人们开始凭本事吃饭,男女之间并没有明显的地位差别。例如,商界中出现了"女白领",政界中有女上级等。但是,由于男女不平等的观念在中国由来已久,因此要完全根除,还需要经历一个漫长的过程。

十、回避私事与询问私事

(一)西方人回避私事

在西方社会中,以美国为例,人们的一切行为都以个人作为中心，个人的利益不可侵犯，这是典型的个人本位主义。受这一思想的影响，美国十分重视个人的隐私，这体现在社会生活的各个方面，如人们在进行交谈时，一般会避开个人隐私话题，因为这对于他们是禁忌，如年龄、收入等都属于隐私问题。

在西方文化观念中，看到他人出门或者归来，从来不会问及去哪里或者从哪里回来；在看到他人买东西时，也不会问及东西的价格，因为这些问题都是对他人隐私的侵犯，即便你是长辈或者上司，也都不能询问。

（二）中国人询问私事

从古至今，中国人喜欢聚居的生活，如"大杂居""四合院"等。虽然这样的居住有助于接触，但是也会干扰到个人的生活。同时，中国人骨子里就推崇团结有爱、相互关心，个人的事情就是一大家子的事情，甚至是集体的事情，因此人们习惯聚在一起去谈论自己或者他人的喜悦与不快，同时也愿意去了解他人的喜悦与不快。

在中国的文化习俗中，长辈、上级询问晚辈、下属的年龄、婚姻情况等，是出于关心的目的，而不是对他人隐私的窥探。通常，长辈与晚辈、上级与下属的关系比较亲密时才会问到这些问题，而且晚辈或者下属也不会觉得这是对个人隐私的侵犯，反而会觉得长辈或上级很亲切。

十一、实话实说与讲面子

（一）西方人实话实说

西方人对于个人自由非常注重，虽然有时候也会注重面子，但只是认为丢面子比较尴尬而已。

面对自己的错误，西方人更多地表现为自责，这可以从他们的行为中看出来。对于西方人而言，说实话、课堂提问、直接拒绝朋友、挑战权威等都是简单的事情,并不会对集体造成影响。并且,西方人非常讨厌人云亦云,只有那些勇敢说出自己想法的人才会受到别人的尊重和肯定。

另外,西方人比较直接,愿意将问题摆在台面上,这样才能尽快达成共识。

(二)中国人讲面子

相较于西方人,中国人认为面子代表的是自己的尊严、自己的荣誉,因此中国人对于面子非常看重,也对他人的面子予以尊重。简单来说,就是中国人不允许自己丢脸,也不会让他人丢脸。

在中国,失掉面子是非常糟糕的,因此不能当众辱骂他人或在公共场合大吼大叫,这些都会让人陷入尴尬的境地。因此,为了在保证他人面子的情况下将意见进行有效传达,就必须要压制住自己的情绪,将所有的批评放在私下来说,尽量不当面给出批评,否则会收到不好的结果。

另外,中国人不会明确将自己的意愿表达出来,尤其是对他人及他人所做事情的否定,往往会选择委婉的形式,希望对方能够从中了解具体的意思,这样不仅可以对对方的面子进行保留,还能够保持彼此的交情,从而实现交际。

十二、开放型消费观与储蓄型消费观

(一)西方人的开放型消费观

一般来说,西方人的消费观主要表现为两点:一是开放型消费,二是未来型消费。这两种消费形式充分将西方人的消费观体现出来。

之所以说是开放型消费,主要是因为西方人崇尚开放、自由。古代西方多是以商业、手工业为中心的外向型经济,资本主义经济迅速发展,使人们对新事物保持积极的姿态。西方人倾向超前消费,即花未来的钱圆今天的梦。

(二)中国人的储蓄型消费观

对于中国人来说,勤俭节约是一个优秀的传统,也是很多中国人坚持的消费观。一般来说,中国人比较保守,善于储蓄,并且储蓄的目的在于养老、买房子、教育经费等。这种消费观的形成多与中国的自然文化密切相关。中国自古是农耕民族,自然经济占据非常重要的地位,人们利用勤劳的双手来满足自己的衣、食、住、行,因此节俭必然成为其主要的价值观。

十三、动态娱乐观与静态娱乐观

(一)西方人的动态娱乐观

娱乐体现的是人们的生活观。西方人的娱乐观更注重动态,即在动态中求得静态,通过运动享受乐趣。西方人的娱乐多是选择一些强度高的、刺激性的运动。西方的传统娱乐文化倡导集体性的运动,如足球、篮球等。

西方人从事娱乐活动往往是为了展现自己的个性,追求刺激,因此很多人热衷滑翔、跳伞等极限运动。在他们看来,这些危险运动能展现出个人的魅力。当然,这也体现出西方人的冒险精神,是西方人所固有的。

(二)中国人的静态娱乐观

与西方人不同,中国人推崇静态娱乐观,往往会选择旅游、踏青等娱乐形式。在旅游中,中国人可以感受到美景,享受到自然的宁静与和谐。

中国的娱乐活动往往以个人活动为主,如气功、舞剑、钓鱼等。这些娱乐活动的目的在于修身养性,这与中国人世世代代的自给自足观念有关,人们追求一种稳定与宁静的生活。

第二节　英汉思维方式差异

　　傅雷先生曾这样说过："中西方的思想方式之间存在分歧,我国人重综合、重归纳、重暗示、重含蓄,西方人重分析,细微曲折,挖掘唯恐不尽,描写唯恐不周。"①从中可以明显看出,中西方思维模式存在差异,但具体表现在哪些层面呢? 下面做详细探讨。

一、线型思维和圆型思维

(一)西方人的线型思维

　　西方人的思维模式最引人注目的一点是它注重个体性,习惯于把复杂的事物分解成一个个单独的要素,然后各个击破,单独进行逻辑分析,注重形式论证。在观察事物时,采用焦点式思维模式,呈线性。

　　西方人坚持"天人相分"的理念,这是他们看待人与自然的关系的态度。所谓"天人相分",意思是指事物之间相互独立和区分开来,并且事物的状态是随时随地在改变的。这就体现了他们的线型思维模式。因此,西方人在长期使用线型连接和排列的抽象化的文字符号的过程中,思维线路逐渐发展成直线型,具有明显的直接性。

　　西方人在输出口头语言和书面语言时,都倾向于直接表达,并且自始至终坚持同一立场,不用无关的信息掩盖真实的观点。这也决定了西方人在思考或进行语言表达时,对于同一个意思往往使用不同的词语或句式,并且句式结构多为重心在前,头短尾长。

---

　　① 张义桂.中西方传统思维方式的差异及成因[J].文史博览(理论),2016,(6):44.

在输出语篇时,西方人总是先给出一个固定的中心论点,在文章的开头部分就明确地表达自己的见解,然后围绕这一固定的中心论点安排文章中的所有细节。也就是说,英语的语篇一般按直线展开,通常包含四个部分:导入、主题、支撑、结论,切入主题后就开门见山地陈述段落的中心思想,即主题句,再从数个方面对主题进行阐述,最后得出结论。

(二)中国人的圆型思维

直线的特点在于无限延伸,圆的特点在于拥抱圈中世界。也就是说,圆给人的感觉是含蓄、温和,表现在思维模式上就是圆型思维,或者说是螺旋型思维。

中国人在观察事物时,采用散点思维方式;在看待事物时,比较注重通过自身的思考来获得思想结论,比较轻视形式论证。这是因为在中国的思维模式中,最重要的因素是整体性,将事物作为有机整体进行概括性的研究和探索,这体现出了一种螺旋型思维模式。螺旋型思维模式呈现曲线的形状或圆形,并且循环上升,具有明显的间接性。

中国人的这种思维模式必定也会在我们所使用的语言上表现出来,长期暗示诱导着语言文字的使用,因此汉字很容易勾起人们对现实世界里事物形象的想象或联想。所以,中国人在思考或进行语言表达时,经常喜欢重复使用某些词语或句式,甚至汉语里还有一个叫"重复"的修辞手法;汉语句式结构重心大多在后,头大尾小。

中国人语言表达含蓄委婉、模棱两可,要么不直接表达见解,要么就是轻描淡写地陈述看法。每个段落里经常含有似乎与文章其他部分无关的信息。在输出口头语言和书面语言时,中国人通常把思想发散出去后还要收回来,让它落在原来的起点上,并且开头一般是较为笼统、概括的陈述性内容。汉语语篇往往是反反复复地对一个问题加以展开,讲究"起、承、转、合",尽量避免直接切入主题。

二、抽象思维与形象思维

(一)西方人的抽象思维

西方语言属于印欧语系,受印欧语系语言特征的暗示和诱导,西方人所擅长的思维形式是基于逻辑推理和语义联系的逻辑思维。以西方的语言为例,它回环勾连,有着溪水一样的流线形式,使得人们注意事物之间的联系。西方语言的符号形式和语法形式使得印欧语系民族对事物表面逻辑的感知更加强烈。

由于抽象的书写符号、语音形式逃离现实世界,所以印欧语系的民族更多地游走于现实世界之外而进行纯粹的思考。一连串无意义的字母连接成有意义的单词,然后单词排列成短语、句子和篇章。所以,西方语言走的是"点—线—面"的路线,缺乏立体感,因此诱发人们形成了脱离现实世界的抽象思维。西方抽象思维借助逻辑,运用概念、判断、推理等思维形式,探索事物的本质和内在联系。也正是因为西方语言"点—线—面"的路线,西方人在进行逻辑思维时常用演绎法。因此,西方语篇倾向于开门见山、直奔主题,每一段的第一句往往就是主题句,其后围绕该主题展开阐述或举例论证。

(二)中国人的形象思维

中国形象思维表现在中国人在认知时总是喜欢联系外部世界的客观事物。这和中国人的语言——汉语也是休戚相关的。汉字经过数千年的演变,从古代的象形字转变为今天的形声字。汉字方正立体,导致人们容易把它们同外部世界的事物形象联系起来。有些字仍保留了很强的意象感,如"山"字可以使人们脑海中显现出自然界里山的形象,文学作品特别是古代诗词中也充满着丰富的意境。这种意象丰富的文字经常被中国人用来思维,因此中国人逐渐养成了形象思维。这种思维极富情理性、顿悟性和直观性。

正是由于中国汉字的立体感,中国人在进行辩证思维时总是先想到具体的物象、事实、数据等,然后再从中归纳出规律,就是说,中国人倾向于采用归纳法思考问题。

与逻辑思维善于思考未来不同的是,形象思维更关注过去和现在,具有反馈性。一个国家的历史越悠久,那么这个国家的人往往就会越看重历史,受过去的影响也会越严重。众所周知,中国的历史是十分悠久的,所创造的华夏文化也是很灿烂的,因此中国人就会以国家的历史为傲。纵观中国的历史变化,可以看到遭受了多次的被侵略,人民生活困苦,导致生灵涂炭,这种家破人亡、流离失所的惨痛经历是难以忘记的。每一个中国人对自己的祖国都有着深厚的感情,这种感情使得他们勇敢反抗外族入侵,而在这一过程中所形成的家国情怀的心理文化同样会延续下来,警示后人。

此外,中国古代所倡导的儒学思想要求人们要尊敬祖先,重视历史发展过程中所积累的经验,应牢记"古为今用"。因此,中国可以说是世界上最看重历史与过去的民族之一。从理性层面进行分析的话,可知看重历史的民族往往也具有十分保守的思想。例如,对于消费,大部分中国人所持有的消费观念是求稳、安于现状、保守。这种消费观念形成的根源,就在于中国古代是一种自给自足的农业经济体制以及严格的宗族血缘关系形成的国家结构形式。

三、分析性思维与整体性思维

(一)西方人的分析性思维

对事物的分析既包括原因和结果的分析,又包括事物之间相互联系的分析。17 世纪以后,西方分析事物的角度主要是因果关系。恩格斯特别强调了认识自然界的条件和前提,他认为只有把自然界进行结构的分解,使其更加细化,然后对各种各样的解剖形态进行研究,才能深刻地认识自然界。西方人的分析性思维从这里开始萌芽,这种思维方式将世界上的人与自然、主体与客体、精神与物质、思维与存在等事物放在对立的位置,以彰显二者之间的差异。

分析性思维还具有两个鲜明的特征。其一,分析性思维,说得简单点,就是分开探析的思维,这就必定要把一个整体的事物分解为各个不同的要素,使这些要素相互独立、相互分开,然后对各个独立的要素进行本质属性的探索,从而为解释整体事物及各个要素之间的因果关系提供依据。其二,以完整而非孤立、变化而非静止、相对而非绝对的辩证观点去分析复杂的世界,马克思主义哲学大力提倡这种思维形式。

(二)中国人的整体性思维

在最早的生成阶段,宇宙呈现出阴阳混而为一、天地未分的混沌状态,即太极。太极动而生阳,静而生阴,在动静交替中产生出阴、阳来。阴阳相互对立、相互转化。事物总是在阴阳交替变化的过程之中求得生存与发展。从哲学的角度来看,阴和阳之间的关系是从对立走向统一的,这体现了中国传统哲学的整体性特点,它不注重对事物的分类,而是重视整体之间的联系。

春秋战国时期,儒家和道家两大文化派别的思想都表现出了整体性思维模式,只是二者表现的角度有所不同。在这两种文化派别的思想中,人与自然、个体与社会就是一个大的整体,二者是不能被强行分开的,必须相互协调地发展。儒家所大力提倡的中庸思想就发源于阴阳互依互根的整体思维中。

包罗万象的大宇宙也是一个大的整体,其中的各种事物看似相互独立,实则相互联系,但是也不失本身固有的特性与发展规律。中国人总是习惯于首先从大的宏观角度初步了解、判断事物,而不习惯于从微观角度来把握事物的属性,因此得出的结论既不确定又无法验证。由此,中国人逐渐养成了对任何事物不下极端结论的态度,只是采取非常折中、含糊不清的表达方式,在表述意见时较少使用直接外显的逻辑关系表征词。总之,中国人善于发现事物的对立,并从对立中把握统一,从统一中把握对立,求得整体的动态平衡。

第三节　英汉时空观念差异

在现实生活中,人们都具有时间、空间观念,然而,这两个方面在中西方文化中是存在差异的。不同民族文化下的人往往赋予时间、空间不同的意义,为此,本节就对中西方时间、空间观念的差异进行分析。

一、"将来"时间观与"过去"时间观

（一）西方人的"将来"时间观

与中国相比,美国的历史相对较短,仅有二百多年,欧洲大陆的人来到美洲大陆之后定居于此,在之后的岁月中深刻地改变了这块大陆的面貌,在发展过程中形成了自己独特的文化习俗。由于美洲大陆的居民最初是来自欧洲的,因而所形成的美洲文化与欧洲文化在根源上具有一致性。美洲文化与传统欧洲文化存在一定差异,是对欧洲文化的一种改良。

在美洲大陆所形成的文化体系主要表现为独立和自主,该文化认为每一个人都应该通过自己的努力来实现目标与理想,因为社会是平等的。西方人认为时间一去不复返,是不能倒流的,所以人们不会抓住过去的事情不松手,而是将自己更多的精力放在未来,提倡享受生活。由此,西方人认为时间就是金钱,是十分宝贵的,因而在现实生活中每一个人都争分夺秒,不舍得浪费自己的宝贵时间。为了合理利用自己的时间,西方人在开始做事之前往往

会首先进行细致、周密的规划,以保证一项事情的顺利完成。

(二)中国人的"过去"时间观

之所以认为中国人在时间方面持有的观念是"过去时间取向",是因为大多数中国人都认为错失的时间是可以弥补的。中国有灿烂、悠久的历史文化,每一个中国人都不能忘本,不能遗忘历史,每一名中华儿女都应该以中国数千年的文明为傲,忘记历史就是一种"忘本"的表现,在这种思想的深刻影响下,中国人牢记过去的仁义道德,用过去的标准来评判现代人的行为,如"前所未有""闻所未闻"等。

当然,现代社会中的中国人不再特别看重过去的历史,而是将心思放在未来的发展上,但不可否认的是,"过去"时间观念依然存在于中国人的内心深处。

二、单元时间观与多元时间观

(一)西方人的单元时间观

西方人的时间观念是单元的,在他们看来,时间如同一条线,在单一的时间内只能完成单一的事情。受这一时间观念的影响,西方人做事总是严格按照时间表来进行,并非常注重和强调阶段性的结果。

(二)中国人的多元时间观

中国人的时间观念是多元化的,在他们看来,时间由一个一个的点组成,认为在某一段时间内可以完成很多事情。受这一观念的影响,中国人并没有明确的时间表,一般比较注重随意性,只要在限定的期间内完成任务即可,对阶段性的结果并不注重。

中西方的这种时间观念可以从人们的行为中看出,如中国人在拜访朋友时一般不会事先约定,因为他们认为朋友之间的情谊是无价的,除非朋友有特别重要的事情,否则一般不会拒绝,等客人走了之后再处理也是可以的;西方人做任何事情都需要事先约定,甚至有时候还要约定结束的时间,这样有助于保证时间的有效利用。

三、"随意性"空间取向与"严谨性"空间取向

(一)西方人的"随意性"空间取向

西方人的座位排放具有随意性的特点,他们在开会、谈判的时候往往呈直角就座,如果两个人在同一侧就座,那么就意味着这两个人的关系十分亲密。另外,西方国家学校的教室里桌椅的安排不是固定不变的,他们往往会根据教学需要来排放座位,这就体现出一种轻松的教学氛围。

(二)中国人的"严谨性"空间取向

以座位排放情况为例,中国人在谈判、开会时,往往会面对面就座,尤其是在一些严肃的场合更是如此。在上级批评下级的时候,上级坐着,下级往往隔桌站立。在学校的教室中,桌椅安排都是固定有序的,不会轻易改变,体现出严谨的教学风格。①

---

① 闫文培.全球化语境下的中西文化及语言对比[M].北京:科学出版社,2007:97.

第六章　文化传播视角下英汉特殊词汇的差异及其翻译

　　词汇是语言的基本单元。在不同的语言中,一个词语除了基本意义之外,还具有被民族文化影响的内涵意义。英汉语言中都有一些特殊的词汇,如习语、典故、人名、地名等。如果对这些特殊的词汇没有深入的理解,就很难将其深层含义准确传译出来。

第一节　英汉习语文化差异及其翻译

　　任何一门语言都包含着大量的习语。如果要论语言中文化积淀最浓厚的部分,非习语莫属。正是因为英语和汉语结构不同,英汉习语翻译就比较困难。

一、英汉习语文化差异

　　"习语"来源于西方,人们通常认为"习语"就是英语中的 idiom。*New Oxford Dictionary of English*(1998)将 idiom 定义为:A group of words established by usage as having a meaning not deducible from those of the individual words.(习用的一组词,其意义不能从词组里的单个词的意义演绎出来。)《辞海》(1989 年)中的习语定义是:习语是语言中定型的词组或句子,包括成语、谚语、格言、惯用语、歇后语等,使用时一般不能任意改变其组织。

(一)英汉习语的特点差异

1.英语习语的特点

(1)整体性

为了表达某种特定的意义,两个或更多个英语单词通过组合形成结构和语义上的联合体,因此具有了整体性。联合体包括自由词组和固定词组,二者都具有整体性。英语习语就是典型的固定词组。整个习语的意义不等于其内部各词单独使用时的词义的机械相加,而是在联合体之上概括、抽象或引申出来的某种意义。例如,tell 单独使用时的意思是"告诉",off 单独使用时表示"分离",但是二者合在一起变为 tell off,意思是"斥责",tell 只表示"向他人发话",off 则表示发话人所持的责备态度,不是各自独立使用时的意义相加。可见,英语习语的整体性并不意味着习语中每个词独立使用时的意义一定会被剥夺,但是一定不能因为某些原因将习语分解成多个部分,否则习语的真正含义将遭到歪曲。

(2)实践性

习语的生存实践或长或短。旧的习语不断被淘汰,新的习语不断产生。

从 18 世纪开始,人们习惯于在动物名称上加动物身体的某部分名称或与之完全不相干的词,形成某种形式的短语,表示"了不起的人或物",如 bee's knees,cat's whiskers,cat's pyjamas 等。但是,这类短语存在的历史一般比较短暂,到了 20 世纪 20 年代,只有 bee's knees 仍被使用,这主要是因为蜜蜂采花粉酿蜜的灵巧技术容易被人们观察,并且 bee's knees 与 business 发音相似。

有些习语的语法并不规范,但已被大众接受。从现代英语角度看,并列连词 and 连接了两个显然并不并列的介词 by 和形容词 large 就属于这一类,即 by and large。该习语原来是航海者的行话,表示"帆船行驶时稍微偏离风向",后来引申为"总体而言,大体上"的意义,因此就变成了普通用语。

另外,一些习语中的组成部分之间在语义上不符合客观事实,但是人们没有刻意地去纠正它们。例如:

by the skin of teeth 侥幸

in one's mind's eye 在想象中

talk through one's hat 信口雌黄

(3)固定性

根据习语是否能被改变以及被改变的程度,习语可以分为全固定、半固定和微固定三种。

全固定习语中的任何一部分都不能随意改变。例如:

keep an eye on 小心看着

at short notice 一接到通知

半固定习语中的某个词可以用一些词进行替换,可替换的词主要是动词,也有少量名词和形容词。例如:

try/do one's best 尽力

have a one-track/single-track mind 思路狭窄

微固定习语的某一部分可以替换成许多词。微固定习语的变化程度较高,更像惯用搭配,并且习语与惯用搭配之间的区分本来就不明显。例如:

write/tell/explain/describe something in full/detail

run a school/business/company/country/a shop/a farm

2.汉语习语的特点

汉语习语以定型的四字成语为主体,同时也广泛兼收三字或四字以上的其他成语、俗语、谚语、惯用语、歇后语以及一些广为流传的格言、警句和少数有生命力的诗词妙语。汉语习语大多来自历史故事、神话传说、文学典籍、民间传说等,在结构、修辞、语言和民族性上都有着自身的特色。

(1)结构方面

从结构搭配关系看,汉语习语可分为以下两大类。

第一,习语前后两段之间为并列、对举、承接、目的、因果关系。例如,安身立命(并列)、偷梁换柱(对举)、马到成功(承接)、取长补短(目的)、象齿焚身(因果)等。

第二,习语各成分之间有主谓、动宾、偏正关系。例如,生财有道(主谓)、大开眼界(动宾)、随遇而安(偏正)等。

(2)修辞方面

汉语习语中主要的修辞手段主要有以下几种。

第一,对仗。汉语习语运用对仗以达到语句在形式和意义上的整齐匀称,从而提高语言表达效果。例如:

路遥知马力,日久见人心

墙上芦苇,头重脚轻根底浅;山间竹笋,嘴尖皮厚腹中空

第二,一些汉语习语在句子的最后一个字使用韵母相同或相近的字,以实现音调的优美。例如:

二人同心,其利断金

人不可貌相,海水不可斗量

第三,比喻。为了使描绘的事物生动形象,汉语习语常常运用比喻的修辞手法。例如:

人情似纸张张薄,世事如棋局局新

病来如山倒,病去如抽丝

(3)语法方面

汉语习语在句中充当成分,或者直接作为句子使用。

第一,汉语习语往往违背语法规则或逻辑推理,所以有些习语的意义不能从字面来推敲,如"装蒜""蹩脚""吃香""吃老本"等。

第二,汉语习语的意义是独立的,也就是说,其真实含义并不是它的字面意义的总和。例如,"落花流水"的字面意义是"落下的花和流着的水",而真正意义是"惨遭失败"。①

---

① 郑凤兰.汉语习语的特征及其翻译方法研究[J].赤峰学院学报,2013,(12):194-195.

（二）英汉习语的文化渊源差异

1. 生活环境

以英语为母语的国家大多地处海洋围绕的板块上，美国处于南、北美洲，除北部与俄国接壤，三面环海；英国地处不列颠群岛上，四面环海。可见，多面环绕海洋是英美国家重要的地域特征。得天独厚的海洋资源曾经使航海运输业成为英美国家重要的生产方式。他们对海洋有着深刻的认识和情感，因而创造了丰富的海洋文化。所以，英语中有很多关于海洋和航海工具的习语。例如：

between the devil and the deep sea 进退维谷

sail close to/near the wind 冒风险；节俭地过日子

in the same boat 同处危机

take the helm 执掌权力

all/completely at sea 茫然；困惑

lose one's bearings 迷失方向

由于受海洋的影响，英国的气候变化无常，时而风和日丽，时而大雨滂沱，因此英国人对气候非常无奈，经常抒发关于气候的心情，这也导致英语中有关气候的习语非常多。例如：

in all weathers 风雨无阻

in the wind 在酝酿中

the calm/lull before the storm 暴风雨前的宁静

a drop in the ocean 沧海一粟

The sea refuses no river.

海纳百川。

rain on sb.'s parade 破坏原定计划

a storm in a teacup 小题大做

while it is fine weather mend your sail 未雨绸缪

中国位于亚洲东部，太平洋西岸，处于一个半封闭式的大陆上,地形复杂、气候多样、河流纵横的自然基础很早就萌发了初期的农业文明。可以说,中国文化起源于大河,黄河被称为中华民族的母亲河,除此之外,中国还有黑龙江、松花江、辽河、长江等水域。农耕文明与游牧文明的互动推动着中华文化的不断发展,总体上还是以农耕文明为主导。因此,汉语中关于农事的习语不胜枚举。例如:

冬天麦盖三层被,来年枕着馒头睡

深栽茄子,浅栽葱

甘薯马铃薯,同类不同储

春雨贵如油

芝麻开花——节节高

面朝黄土背朝天

七月枣,八月梨,九月的柿子上满集

六月不热,五谷不结

2.民族历史

英美文化根源于西方古希腊、古罗马文化。古希腊神话中有各种各样的神,这也体现在英语习语中。例如,(the)wheel of fortune(命运之轮)出自古罗马传说,与命运之神福尔图娜(Fortuna)的故事有关。西方的历史比较短暂,一些政治生活、文学作品可以反映出西方历史前进的痕迹。例如:

rest to one's Laurels

坐享清福,光吃老本

The Augean Stables

肮脏的地方

like a Trojan

英勇顽强(《伊索寓言》)

中国从"盘古开天辟地"到实现伟大"中国梦",走过了几千年的悠久历史,在这个过程中经历了频繁的更朝换代。一些汉语习语就是历史故事或历史事件的浓缩,简单地揭示了历史事件带给人们的启示。例如：

刘邦攻项羽——反败为胜。

成也萧何，败也萧何。

身在曹营心在汉。

文学作品中传承下来的一些诗句中也蕴含着历史的痕迹。例如：

世上无难事，只怕有心人。

老骥伏枥，志在千里。

初生牛犊不怕虎。

前事不忘，后事之师。

二、英汉习语文化翻译

（一）直译法

有一些英语习语和汉语习语在形式和喻体形象上非常接近，对于这类习语的翻译，译者可以采用直译法，再现原文的形式并保留原文的喻体。例如：

黄金时代 golden age

All roads lead to Rome.

条条大路通罗马。

易如反掌 as easy as turning over one's hand

He who laughs last laughs best.

谁笑到最后，谁笑得最好。

tower of ivory 象牙塔

（二）借用法

有些英语习语和汉语习语在内容和形式上都接近，也就是说字面意义、喻体形象和比喻意义都相似，在这种情况下，译者可以借用相互对应的习语进行对等翻译。例如：

A rat crossing the street is chased by all.

老鼠过街，人人喊打。

make pig of oneself 猪一样的饭量

If you try to cover up your misdeed with a fig leaf, you will only make it more conspicuous.

你要是想用遮羞布掩盖你的罪行，那只能是欲盖弥彰。

第二节　英汉典故文化差异及其翻译

英语中与汉语"典故"相对应的词一般都认为是 allusion。《新英汉词典》对 allusion 的解释是"暗引、影射，间接提到、提及；典故"。从汉代至清代，典故一直是指典制和掌故。从清代起，典故产生了两种含义：一指后世使用的故事，二指后世使用的诗文词句。直到清代末期，近现代学者才开始对"典故"进行阐释。对于典故的定义，学界存在许多观点，但是认可度最高的还是《辞海》所下的定义：一指"典制和掌故"；二指"诗文中引用的古代故事和有来历出处的词语"。

一、英汉典故文化差异

1.英语典故文化

古希腊文化（包括古罗马文化）和古希伯来文化（犹太人文化）是形成整个西方文化的基础。这两种文化也深刻地影响着西方后来的学术思想以及文学作品，从主题的确定到体裁的选择等多个方面。因此，"两希文化"也是英语中最古老典故的主要来源。

（1）源于古希腊、罗马文化的典故

古希腊、罗马同是欧洲文化的发源地。希腊文学对罗马文学产生了深远的影响,但罗马文学也有自身的独创性。许多希腊文学作品都已失传,但通过罗马文学可以了解到一些失传的希腊文学作品的情况。

神话是在原始信仰和民间传说故事的基础上形成的。希腊神话以口头文学的形式在各部落流传了几百年。它散见在荷马史诗、赫希俄德的《神谱》以及古典时期的文史哲等著作中,现在的希腊神话故事集都是后人根据古籍整理编成的。神话是古希腊文学的土壤,此后的诗歌、悲剧等都是以神话和英雄传说为题材的。罗马神话故事在吸收希腊神话中的神以后,它们除了主要神灵的名字不同以外,在形式上和内容上大同小异,因此后世一般把两种神话体系合在一起,用"希腊罗马神话"来指称。神话中有影响的人、物和事件已形成典故性词语保留下来,成为后人写作和交际中常常引用的词语之一。例如,swan song(最后杰作;绝笔),win/gain laurels(获得荣誉,赢得声望),horn of plenty/abundance(丰饶的象征),midas touch(赚大钱的本领),pile pelion on ossa(难上加难),procrustean bed(逼人就范之物),rest on one's laurels(故步自封),sop to cerberus(贿赂)等。

同其他民族一样,希腊最早的文学形式是诗歌或民歌,它们源于希腊的神话。希腊流传最广、影响最大的诗歌是《荷马史诗》,据传是公元前9—8世纪由一个名叫荷马的盲诗人根据在小亚细亚口头流传的史诗短歌综合编成的,其文学地位相当于我国的《诗经》,该诗史包括《伊利亚特》和《奥德塞》两个部分。《伊利亚特》讲述的是特洛伊之战,《奥德塞》讲述的是特洛伊战争结束后奥德修斯和同伴的冒险旅途,它是欧洲文学史中第一部以个人遭遇为主要内容的作品,是文艺复兴和18世纪流浪汉小说及批判现实主义小说的先驱。史诗中所描述的许多事件和人物成为典故,如特洛伊木马(The Trojan Horse)、海伦(Helen)、奥德修斯(Odysseus)、纠纷的苹果(An Apple of Discord)等。

传遍全世界的《伊索寓言》相传是伊索(Aesop)所作,包括三百余篇短小精悍的故事。伊索寓言的思想性很强,成为后来欧洲寓言借鉴的对象。寓言中有许多故事总结了古代人民的斗争经验和生活教训,如《乌鸦和狐狸》讽刺虚荣心,《农夫与蛇》教导人们不能对敌人仁慈,《龟兔赛跑》劝人们戒骄戒躁。

(2)源于文学作品的典故

从文艺复兴开始的文学创作是世界文学史上最璀璨的一颗星,这些文学作品中蕴藏着大量的典故,成为后人引用和创作的源泉,其中莎士比亚戏剧创作的成就最为卓越。

在 14 世纪至 16 世纪的欧洲,古希腊、罗马文化重新受到重视,因而被称为"文艺复兴",它同时标志着新兴资产阶级文化的萌芽,该时期所形成的资产阶级思想体系被称为人文主义。人文主义者反对神的权威,以人为本,提倡追求财富和个人幸福,强调解放个性和全民平等,文艺复兴时期的文学以人文主义文学为主流,如塞万提斯的《堂·吉诃德》、拉伯雷的《巨人传》、乔叟的《乌托邦》以及莎士比亚戏剧等,这些作品不仅大量引用希腊罗马神话和教会典籍中的典故,而且本身也蕴藏着大量的典故。

莎士比亚的作品是后来西方世界文学典故的重要来源。他的创作可以分为三个时期。在第一时期,莎士比亚创作了九部以英国历史为题材的历史剧、十部喜剧和一部悲剧,另外还有两首长诗和《十四行诗》。出自这些作品的典故包括福斯塔夫(Falstaff,喻指爱吹牛的懦夫)、一磅肉(pound of flesh,喻指虽合法但不合情理的要求)、里士满(Richmond,喻指乘机夺取权力的人或突然出现的对手)、夏洛克(Shylock,喻指冷酷无情的人)、画蛇添足(paint the lily)等。第二时期是他创作最辉煌的时期,他创作了四部悲剧和三部喜剧。出自这些作品中的典故有奥瑟罗(Othello,喻指疑心重、爱吃醋的人)、哈姆雷特(Hamlet,喻指遇事犹豫不决、顾虑重重的人)、麦克白(Macbeth,喻指阴险狡诈的野心家)、绿眼的妖魔或绿眼睛的妖怪(green-eyed monster,比喻嫉妒)等。第三时期,他转向神话剧的创作,如人们熟知的《暴风雨》等。

2.汉语典故文化

悠久灿烂的中华文化在繁多的典籍之中保存了下来,而这些典籍又为汉语典故的形成提供了肥沃的土壤。

(1)源于儒家文化的典故

儒家学派的创始人孔子,通过研究古代文化尤其是礼乐文化,形成了以"仁"为核心思想、涵盖"礼""仁""德""修""中""天命"等内容的思想体系。自孔子创立儒家学派以来,儒学从春秋战国时代众多文化流派中的一支而不断发展为中国文化的主脉,期间经历了繁荣与衰落,其发展经历了先秦儒学、两汉经学、宋明理学以及明清实学等阶段,儒学的成长史可以说就是一部民族的发展史。儒学中包含的典故非常多,如退避三舍、举案齐眉、孟宗哭竹、老牛舐犊、过五关斩六将、甘雨随车等。

(2)源于文学作品的典故

文学作品是典故取之不尽的源泉。无论是古典的,还是现代的,甚至当代有代表性的文学作品中所描述的、有鲜明时代特点的人或事等都会被读者经常引用,最后形成典故性词语留在语言的词汇中。中华民族历史悠久,从先秦到明清,一直到现代,历代所留下的象辞、赋、诗、词、杂剧、章回小说等作品的数量是世界上任何民族都无法比拟的,在这些浩瀚的作品中蕴藏着丰富的典故,如"唐僧肉""梁山好汉""林黛玉""三顾茅庐""红娘"等。①

二、英汉典故文化翻译

(一)直译法

当英语典故和汉语典故在喻体和喻义方面非常接近时,或者某些典故被人们所熟知,那么就可以直接按照原文的字面意思进行翻译,但前提是保证目的语读者对原文意思不会产生误解。不

---

① 武恩义.英汉典故对比研究[D].北京:中央民族大学,2006:14-35.

过,由于英语典故和汉语典故在文化渊源上的差别较大,因此这种相接近的情况并不多见。[①] 例如:

burn one's boats/bridges（历史）

破釜沉舟《史记》

crocodile tears(莎士比亚）鳄鱼的眼泪

wolf in sheep's clothing(伊索寓言) 披着羊皮的狼

（二)意译法

对于某些典故,当直接按照字面意思翻译无法让目的语读者理解时,也可以用目的语的表达方式进行翻译,这就是意译,是一种舍弃民族文化特色的翻译方法。[②] 例如:

hide one's candle under a bushel 不露锋芒

Uncle Tom 逆来顺受,阿谀奉承

悬梁刺股 be extremely hard-working in one's study

完璧归赵 return sth. to its owner in perfect condition

罄竹难书 (of crimes)too many to record

风声鹤唳 be seized with imaginary fears

第三节　英汉人名文化差异及其翻译

美国人类学家克鲁克洪(Kluekhon,1986)将文化的表现形态分为显型式样和隐型式样,显型文化蕴含在文字和事实所揭示的本质联系中,隐型文化是从显型文化上概括出来的一种二级抽象。据此可知,人名文化就是显型式样与隐型式样的集合体。人名文化的显型式样就是人名的文字形式和结构模式,而人名文化的隐型式样就是隐藏在人名文化显型式样背后的价值观、信仰、心理、习俗、美学观等。

---

① 武恩义.英汉典故对比研究[D].北京:中央民族大学,2006:100-102.

② 同上.

一、英汉人名文化差异

(一)英汉人名结构成因差异

英汉人名在结构上的共性在于姓和名兼有。英汉人名在结构上的差异性在于姓和名的排列顺序。

英语人名的排列顺序是名在前、姓在后,实际上不仅仅是英语人名,西方印欧语系的大多数国家和民族的人名都遵循的是这样一种顺序。例如:

Edward Adam Davis(爱德华·亚当·戴维斯),爱德华是教名,亚当是本人名,戴维斯为姓。

Joan Bybee(琼·拜比),琼是名,拜比是姓。

Anthony Giddens(安东尼·吉登斯),安东尼是名,吉登斯是姓。

汉语人名的排列顺序截然相反,是姓在前、名在后,其实不仅仅是汉语人名,朝鲜、越南、泰国、日本等东方国家的人名也都遵循这种排列顺序。例如:

欧阳修,欧阳是姓,修是名。

范继淹,范是姓,继淹是名。

刘刘,刘是姓,刘是名。

1. 英汉人名的形成历史

在英语中,名的产生时间比姓早得多。欧洲很多国家在曾经很长一段历史时期内只有名而无姓,如英国、法国、德国、意大利、葡萄牙、西班牙、俄罗斯等国家。中世纪后期,姓才开始出现。

在中国,早在母系氏族时代就有了姓的使用,然而直到夏、商朝才开始使用名。姓制度产生于母系氏族社会,这从"姓"字的解剖学意义上便可窥见一二,"姓"由"女"和"生"构成。姓制度在上古以女子为中心,即子女从母姓。"姓氏"在早期有不同的所指。

氏产生于姓之后，是按父系来标识血缘关系的结果，只有在父权确立之后才有可能。春秋时，男子称氏，女子称姓。春秋时期以后，由于战乱影响，姓与氏的界限渐渐模糊，进而合而为一，统称"姓"或"姓氏"。

2.英汉人名蕴含的价值观

西方绝大多数哲学倾向和流派都强调"主客二分"，把主体与客体对立起来。所以，西方人从一开始就用各种方法征服自然，强调个人独立，崇尚个性。西方文化始终贯穿一种个人意识，继而发展成一种个人价值体系，所以代表个人的名理应在先，而代表群体的姓就自然置于其后。

中国传统文化是一种宗族文化，中国先民形成了很强的宗族观念。中国人认为姓代表宗族和血缘关系，是群体的象征，而名则代表个人。另外，中国传统哲学具有整体性特点，它不注重对事物的分类，而是更加重视整体之间的联系。所以，代表宗族的姓比一个人的名字重要得多。姓在前、名在后正是这种重群体、轻个体传统文化在姓名排序上的体现。①

（二）英汉姓氏来源差异

1.英语姓氏来源

（1）以大自然中的事物为姓

每个国家有着独特的地形、地貌和气候环境，西方人常常以地理特征来形成姓氏。例如：

Ford（福特），表示"可涉水而过的地方"。

Lincoln（林肯），是美国内布拉斯加州首府的名字。

动植物的名称也是西方姓氏的一种来源。例如：

Haggard（哈格德），是动物"悍鹰，未驯服的鹰"的名称。

---

① 张丽美.英汉人名文化比较及翻译[J].长春教育学院学报,2009,(2):42-43.

Bush(布什),是植物"灌木丛"的名称。

Brome(布罗姆),是"雀麦属植物"的名称。

雨雪风霜等自然现象,常常成为人们姓氏的来源,并且采取谐音翻译的方式。例如:

Rain(瑞恩),该姓同自然现象"雨"。

Snow(斯诺),该姓同自然现象"雪"。

Frost(弗罗斯特),该姓同自然现象"霜"。

(2)以父名为姓

西方人喜欢通过在父名上加前缀或后缀形成姓氏。例如:

Jackson(杰克逊),由父名 Jack 加上后缀 son 形成。

Macarthur(麦克阿瑟),由父名 Arthur 加上前缀 Mac 形成。

(3)以颜色为姓

颜色代表着一种文化含义,西方人的很多姓氏都是来自颜色词。例如:

White(怀特),表示"白色"。

Black(布莱克),表示"黑色"。

Red(雷德),表示"红色"。

(4)以职业为姓

从价值上来说,每种职业都是平等的。西方人的很多姓氏就是来自职业术语。例如:

Carpenter(卡彭特),表示"木匠"。

Hunter(亨特),表示"猎人"。

Smith(史密斯),表示"铁匠"。

Miller(米勒),表示"磨坊主"。

(5)以诨号为姓

亲人朋友之间打趣逗笑时,经常爱给对方取诨号。因此,诨号也成为西方姓氏的一种来源。例如:

Greathead(格雷特思德),表示"大头"的意思。

Short(肖特),表示"矮个子"的意思。

Campell(坎贝尔),表示"歪嘴子"。

2. 汉语姓氏来源

（1）以故国名为姓

夏、商、周三代都实行封侯赐地，尤其是西周大举分封之后，诸侯国到处都是，有的大，有的小，这些国名便成为其国子孙后代的姓氏。夏、商时代以国名为姓的有韦、崇、程、阮、扈、房、习、杜、廖、顾、彭、雷等。

周代以国名为姓的有邓、秦、齐、陈、燕、鲁、晋、郑、吴、楚、卫、韩、越、赵、胡、江、宋等，这些也是现在常见的姓氏。

（2）以居地为姓

王符在《潜夫论·志氏姓》中记载，"东门、西门、南郭、北郭，所谓居也"，也就是"氏以居"。可见，中国人以居住地名为姓氏的现象是非常常见的。例如：

"劳"姓，源于居住在东海崂山。

"东门"姓，源于春秋时期的公子居住在东门并号称东门襄仲，后来成为普通的姓氏。

（3）以官职为姓

以官职为姓，导致姓氏包括单字和复字。

现在常见的复姓包括司马、司徒、司空、太史等，这在夏、商、周三代都是官职，为官者的后代便以这些官职名称为姓。

"钱"姓，颛顼的五世孙彭祖的后裔孚周，做到了钱府上士的官位，官职类似于现在的中央银行行长，孚周的后人为了纪念他就姓钱。

"粟"姓，在汉代，存在治粟都尉这一官职，类似于现在的粮食部部长，后代为了纪念为官者便姓粟。

（4）以职业为姓

利用父系关系的亲疏来决定土地、财产和政治地位的分配与继承，这是宗法制的典型特征。中国古代实行的就是宗法制度，因此子承父业是相当正常的现象。后来职业技艺传递的途径也沿袭这种规则，后代往往以世代相传的某种职业、技艺为姓。

例如：

"卜、陶、匠、甄"姓,源于世代相传的制瓦技艺。

"屠、屠羊"姓,源于世代相传的杀牛宰羊的技艺。

(三)英汉命名方式差异

1.英语命名方式

(1)以神话中的人物命名

不少英语国家名字来自希腊或罗马神话。例如:

Alexander(亚历山大),源于希腊神话中特洛伊王子帕里斯王子的尊称,意为"男人的保护神"。

Diana(黛安娜)源于罗马神话中月亮与狩猎女神的名字。

Hector(赫克托)源于希腊神话中特洛伊战争中的英雄名,意为"保护者"。

Helen(海伦)源于希腊神话中的美女,她引起了长达十年的特洛伊战争,引申为"灿烂的"。

Irene(艾琳)源于希腊神话的和平女神,意为"和平"。

Ulysses(尤利西斯)源于罗马神话中的英雄,意为"愤怒的"。

(2)以动植物命名

不管是哪个国家,都对和人类共存的动植物有着深深的情感。所以,西方国家也有以动植物名称命名的习惯。例如:

Dasiy(戴西),是雏菊的名称。

Rose(罗斯),是玫瑰花的名称。

除了以上几种命名方式以外,西方国家还以外貌特征命名,如 Crispin(克里斯平,为"卷发")。也有以职业命名的情况,如 Mason(梅森,为"石匠")等。

2.汉语命名方式

(1)以周易命名

《周易》被誉为群经之首,已成为汉族文化之根。《周易》的思想已经渗透到中国人生活的方方面面,以周易命名就是其中一个体现。以周易命名,就是以生辰八字命名,具体做法是根据事主出生年、月、日、时间排出四柱,找出八字中五行所缺,由名字补上,以平衡八字。例如,如果命中缺金,那么名字里面要带金字或金字旁,可以命名为鑫;如果缺木,可以命名为林或者森,依此类推。

(2)以历史事件命名

在中国历史发展的长河中,一些重大的历史事件深深地留存在了人们的心里。人们为了纪念这些重大历史事件,常常以此为小孩命名。例如:

为了纪念新中国成立,可以命名为建国、解放、拥护。

为了纪念抗美援朝,可以命名为援朝、卫国。

为了纪念其他历史事件,可以命名为红卫、卫星、超英。

为了纪念 1998 年抗洪抢险事件,可以命名为水生、抗洪。

(3)以美好寓意取名

名字可以表达人们对美好事物的追求与向往,长辈有时也把自己对后代的期望融进名字中。例如:

命名为去病、鹤寿、延寿等,就寄托着消灾祛祸的愿望。

命名为隆基、继业等,就寄托着家业兴盛的愿望。

命名为显祖、光祖、耀宗等,就寄托着光宗耀祖的愿望。

命名为爱民、兴国、建邦等,就寄托着报效祖国的胸怀远略。

命名为强、健、聪等,寄托着人们对勇气、力量、智慧的追求,以此命名的多为男性。

命名为惠、玲、庄等,一般是女性,包含了社会对女性所赋予的美好品质,如贤惠、灵巧、端庄等。

(4)以器物取名

生活中的一些器物为人们解决了问题,提供了便利,因此是有价值的事物。人们也以器物为小孩取名,希望小孩长大后能够有所作为。例如:

剑具有锋利的特征,是征战沙场的有力武器,价值重大,人们以它命名为剑利。

珠宝价值连城,人们以它命名为宝国、宝刚等。

"轼"为车前横木,是车子不可或缺的部分。"辙"是由车轮在地上碾过的痕迹而形成的车道,虽然对车子的运转不起作用,但是不会受车祸的影响,以"辙"命名是期望其将来既建功立业又不招惹麻烦。以此命名的有唐宋八大家中的苏轼和苏辙,意味着长大后不要华而不实,要成为有用之才。

(5)以出生顺序命名

在曾经没有实行独生子女的时代,一个家庭通常有多个子女,有的就以出身顺序命名。这种命名方式主要用于乳名或者小名,通常在特定的字前加一个通行字,如阿、小等。例如:

南朝齐武陵王萧晔,是齐高帝萧道成的第五个儿子,乳名叫阿五。

梁元帝萧绎排行第七,乳名叫七符。

还可以根据出生顺序命名为小二、老三、四龙、五郎、九妹、幺弟等。

(6)以动植物取名

以动植物命名,还有性别的差异。一般来说,男性常以勇猛的动物命名,代表着威武、顽强;女性一般以漂亮的植物命名,代表着美好的容貌。例如:

男性命名为龙、彪、虎、豹、驹等,体现了阳刚之气。

女性命名为花、枝、梅、莲、桂等,体现一种阴柔之美。

二、英汉人名文化翻译

(一)一般人名的翻译

一般人名指的是不含有言外之意的人名,以及不像文学作品中寄托着作者特殊意图的人名,而只是单纯的一种指称符号。对于这种人名的翻译,一般采用音译法。例如:

George Bush 乔治·布什

Bernard Bailyn 伯纳德·贝林

Bill Clinton 比尔·克林顿

Edward 爱德华

Franklin 富兰克林

如果是将中文名字翻译为汉语,就采用汉语拼音的方式。为了显示对中华文化的尊重,以及对个人姓名权的尊重,应该保留汉语姓名本身的特点。例如,将"夏至刚"翻译为 Xia Zhigang,将"朱力"翻译为 Zhu Li 等。

(二)特殊人名的翻译

特殊人名不仅具有指称作用,更重要的是传达了一种联想意义。人们在翻译这类人名时,要参考社会文化和交际语境,进而推断这些人名的真实寓意。翻译这类人名的方法包括如下几种。

1.音译

在对特殊人名进行翻译时,译者首先需要准确理解源语作者的意图,并在此基础上通过保留源语文本的人物形象来再现源语文化特征,这就是采用了音译法。这类特殊人名也包括目的语读者熟悉的人名,即使音译,读者也能理解它们所代表的寓意。这种翻译方法可以让目的语读者感到新颖。[①] 例如:

Shylock 夏洛克(吝啬鬼)

Judas's kiss 犹大的吻(居心叵测)

Cupid's arrow 丘比特的箭

2.意译

文化空缺也体现在人名文化上,有的人名在一种语言文化中存在,而在另一种语言文化中找不到对应词。对于这种情况的翻

---

① 张丽美.英汉人名文化比较及翻译[J].长春教育学院学报,2009,(2):43.

译,译者就需要在推断人名的真实意义的基础上进行意译。①
例如：

A good Jack makes a good Jill.

夫善则妻贤。

在本例中,Jack 是英语中一个普通的男子名,Jill 是一个普通
的女子名,如果直译过来,就是"一个好的杰克造就了一个好的吉
尔",目的语读者就会费解,所以意译更合适。

3.音译加注

对于一些富有民族文化特色的人名,只有在翻译时附加注
释,目的语读者才会理解其含义,这类人名往往是历史人物的名
字或者文学作品中的人名。例如：

班门弄斧。

This is like showing off one's proficiency with the axe before
Lu Ban the master carpenter.

本例"班门弄斧"源于春秋战国时期一名叫作鲁班的工匠的
故事,他从小就跟随家里人参加土木建筑劳动,并发明了很多做
木工的手工工具,技艺精湛。如果目的语读者不熟悉中国文化,
就不知道这一故事来源,直译"鲁班"会让目的语读者费解,因此
译者将"鲁班"译为 Lu Ban the master carpenter,加上了 the mas-
ter carpenter 这一注释,目的语读者就容易理解了。

第四节　英汉地名文化差异及其翻译

地名是对一个地方的指称符号,以便将不同的地方区别开
来。如果说得更详细一点,地名是对某一个具体地理事物或地
理区域的命名,包括地上建筑物、地点、水域等。从文化的角度

---

① 张丽美.英汉人名文化比较及翻译[J].长春教育学院学报,2009,(2):43.

来讲,地名是一种文化的载体,研究地名文化的学问叫作地名学。

一、英汉地名文化差异

(一)英语地名文化

1.以人物命名

为了纪念本国或别国历史上著名的拓荒者、政治家、军事家、科学家等,西方的很多地名都是以他们的姓氏或名字来命名的。[①]例如:

Seattle(西雅图),这是美国著名的工业城市,印第安人很早便在这里狩猎和捕鱼,后来一批伊利诺伊州的白人探险者来此地定居,为纪念当地的印第安部族的西雅特酋长,人们便以他的名字给此地命名。

Madison(麦迪逊),这条美国城市地名是以美国第四任总统麦迪逊的名字命名的。

Lincoln(林肯),美国有40多处县、市、山脉、公园用此名,这是以第十六任总统林肯的名字命名的。

Mitchell,Mt(密契尔山),这个美国山脉就是以美国著名地质学家和植物学家密契尔的名字命名的。

2.以自然命名

(1)以山水命名

英语中有很多以山水命名的地名。例如:

美国的 Mississippi(密西西比)、Missouri(密苏里州)以及 Tennessee(田纳西州)分别因地处密西西比河、密苏里河以及田

---

① 刘美娟.中西地名命名及文化意蕴比较[J].浙江社会科学,2010,(9):105.

纳西河而得名。

Victoria（维多利亚），这是加拿大英属哥伦比亚之首府的名称，取名于维多利亚山，位于加拿大伯达省与英属哥伦比亚省之间。

Reyekjavk（雷克雅未克），这是冰岛的首都名，意为"冒烟的城市"，最初时期的冰岛港湾到处白烟袅袅，这其实是众多的温泉和间歇泉的阵阵蒸汽，于是因此得名。

（2）以动植物命名

西方地名中还有以动植物命名的。例如：

Wild Horse（怀尔德霍斯）意为野马。

Peacock（皮科克）意为孔雀。

Eagle（伊格尔）意为鹰。

Orange（奥兰治）意为橘子。

White Apple（怀特阿普尔）意为白苹果。

（3）以矿产命名

西方地名也以矿产命名。例如：

Almaden（阿尔马登），这是西班牙中部的一座城市，盛产汞矿。

Idaho（爱达荷州），这是美国的州名，意为高山上的宝石，因为此地群山之上盛产金、银、锌、锑等多种有色金属和宝石。

（4）以地理方位命名

西方国家的很多地方以地理位置命名。例如：

West Point（西点）因位于哈德逊河西岸而得名。

West（韦斯特）位于西部。

North（诺斯）位于北部等。

3. 以数字命名

数字在西方的地名中也占有一席之地。例如：

Seven Sisters（塞文西斯特斯）意为七姐妹。

Thousand Palms（绍森帕姆斯）意为一千棵棕榈树。

Ten Thousand(万山群岛)意为一万。

Twenty-nine Palms(特温蒂奈恩帕姆斯)意为二十九棵棕榈树。

Six Mile(锡克斯迈尔)意为六英里等。

4. 以人体命名

西方国家有不少以人体命名的地名。例如：

Thumb(萨姆)，表示拇指。

Sleepy Eye(斯利皮艾)，表示困乏的眼睛。

Heads(黑兹)，表示头。

Finger(芬格)，表示手指。

Hand County(汗德县)，表示手。

Mouth of Wilson(茅斯厄夫威尔逊)，表示威尔逊的嘴。

(二)汉语地名文化

1. 以人物命名

中国古人出于对君主和长辈的敬重，都忌讳谈论或者写出他们的名字，所以用其名字为地方命名就更加不被允许。到了辛亥革命以后，由于中西文化碰撞带来的互化，以人名命名地名的现象才开始多起来。后来，为了防止党内的骄傲、腐化、个人崇拜等现象的出现，中共党的七届二中全会规定"不以人名作地名"。大多地名得以整改，得以保留的仅有为数不多的几个。1986年，国务院发布的《地名管理条例》也明文规定"一般不以人名作地名，禁止用国家领导人的名字作地名"。目前保留的县以下的人名地名多是以革命先驱和烈士的名字命名的，此类地名为数不多。例如：

刘胡兰镇，以刘胡兰烈士的名字命名。

雷锋镇，位于湖南省长沙市望城区，以雷锋的名字命名。

宗汉乡，位于慈溪，以辛亥革命时期的马宗汉烈士之名命名。

中国古代文化属于宗法制的农业社会类型。宗法社会的人们往往按姓氏聚居，便于宗族礼教管理，实现社会和谐安定，其地名往往冠以族姓，如金家堡、黄家寮、赵家沟等地名比较常见。

2. 以美好愿望命名

中国文化作为一种泛伦理性的文化，也体现在地名上。中国人给地方命名时，频繁使用"吉""康""富""顺""寿""安"等褒义字眼，常常寄托着对安定、吉祥、健康等的期盼。例如：

兴隆县、福安市、寿宁县、安康、延寿、怀柔、抚顺等地名，反映出人们对充实、富足生活的盼望，寄托着对富强昌盛的社会的终极愿望。

太平区、永安市、长宁县等这些地名，反映出人们对和平、安定生活的追求。

友谊县、崇仁镇、尚礼村、忠孝村、仁德路、遵义市播州区、仁爱、贵德、信义等这些地名，则反映中国传统文化中仁、义、礼、智、信以及忠、孝、勤、俭、勇等品质特色。

3. 以自然命名

(1) 以山水命名

直接以江河溪水之名为名或以源于水的地名很多，如浙江、黑龙江、湖南、青海等都是直接因山水得名。黄河就是因河水呈黄色而取名黄河。珠海，因地处珠江三角洲而得名；湖南的沅江市，因地处沅江流域而得名；四川的塔里木河，因地处塔里木盆地而得名。

中国现有的2000多个县名中，其中以山为名的占很大比例。例如，浙江省的萧山、象山、常山、奉化、普陀、洞头、天台、青田等县名也都得自同名的山岳；湖南省的衡山市、四川省的峨眉县，均因地处衡山和峨眉山而得名。[①]

（2）以动物植物命名

中国地名借动物名为名颇为常见，某地某种动物较多或某地有某种珍稀动物，某地整体或局部的地形地貌类似某种动物或动物的某个器官，习惯上就用某动物名命名该地，如龟背村、螃蟹坑等。

中国以树名命名的地名也非常多，几乎大部分树名都被用做地名，如皂树村、芭蕉村、杨梅垄、柿树坳等。

（3）以地理方位命名

中国的省名、市名、县名、村名中常常带有方位词，如河北省、淮南市、阜南县。

"水北为阳，山北为阴"，是中国地名命名的规律之一，源于中国传统文化的阴阳理论。中国地名中，用"阴""阳"区别方位的地名非常普遍，如洛阳、江阴等，相对来讲，阳字地名较阴字地名多。

4. 以数字命名

中国人也用与该地名相关的数字来代替地名。有的数字表示多的意思，有的是某地具有纪念意义的日期，这些数字有的是某地方特色建筑的数量，有的数字只是谐音，有的数字表示某地像该字形。例如：

三十六湾，此村地处险峻的山巅，该数字表示多的意思。

三七市镇，逢三、五、七、十日为市日，该数字表示该地有纪念性的日期。

三桥，村处三江口，有"福庆""万龄"等三座桥相连，该数字表示该地建筑的数量。

六科，旧名鹿窠，地处绿溪口，有"绿水映石"之称，该数字名只是谐音。

---

① 刘美娟.中西地名命名及文化意蕴比较[J].浙江社会科学,2010,(9):107.

八字墙、十字坡,这些数字象征着该地的形状。

二、英汉地名文化翻译

(一)音译法

音译,即根据地名原本的英语读音,用读音与之相近的汉字进行模拟与拼合的翻译方法,这是在翻译英语地名时使用最为广泛的一种方法。在使用该翻译方法时,要注意以下几点要领。

第一,选用的汉字要与英语原名读音相近,并能大致拼出地名原本的读音。

第二,要注意音译汉字的形体结构和寓意,尽量使用常用字进行音译,避免选用生僻字或读音拗口的字。纵观当今英语地名的汉语音译,几乎所有译名选用的都是常用汉字。

第三,要做到统一规范,避免一地多译现象的存在。[①]

例如:

Alaska 阿拉斯加州

Florida 佛罗里达州

Illinois 伊利诺伊州

New Jersey 新泽西州

Virginia 弗吉尼亚州

(二)意译法

意译,即根据英语地名的实际语义来予以翻译的方法,意译法使用的范围也比较广,主要用于以下两种情况。

第一,当原地名具有实际语义,并且通过语义能表现出该地的地理特征等信息时,一般采用意译。例如,将 Pearl Harbor 译为"珍珠港",就表现了该地作为港口的重要地理信息;将 Salt

---

① 余志凯.浅议英语地名的翻译方法及其原则[J].郧阳师范高等专科学校学报,2016,(6):128.

Lake City 译为"盐湖城",也体现了该城市位于大盐湖附近的地理特征。

第二,当采用音译显得译名过长时,也可采用意译。例如,如果将 San Francisco 音译为"圣弗朗西斯科",音节数量就比较多,因此就意译为"旧金山"。汉语地名注重简洁,如果将英语地名按照音译法翻译成汉语,可能会造成译名过长的问题,因此英语地名可以尽量使用意译法。①

（三）音义结合译法

有的英语地名既不适于完全音译,也不适于完全意译,因此多采用音义结合的译法,即将地名中意义较为明确的部分予以意译,意义不明或不便翻译的部分予以音译。例如:

Philadelphia 费城

New Orleans 新奥尔良

Southampton 南安普敦

在采用音义结合的方法翻译时,当遇到一些有约定俗成的汉语译名的英语地名时,为了不造成译名的混乱,直接使用惯例译名即可。

---

① 余志凯.浅议英语地名的翻译方法及其原则[J].郧阳师范高等专科学校学报,2016,(6):129.

第七章 文化传播视角下英汉自然现象的差异及其翻译

自然对语言的作用虽然并不是非常直观,但是有着不可逆转、根深蒂固的影响。这是因为自然是人们对世界加以认识的一个基本层面,这种认识必然会在语言中得以反映,并且通过语言进行固定与传承,使语言获得相应的文化内涵。显然,不同的自然文化在语言中的反映及其内涵存在着明显的差异,这一差异为翻译带来了不小的障碍。基于此,本章就对英汉自然文化差异及翻译问题展开详细探讨。

第一节 英汉山文化差异及其翻译

在自然界中,山是最不容易改变的物体,山也是在地表上最为明显的物体。由于英汉不同民族所处的地理位置的差异,导致他们对山文化的认知也不同。尤其是在中国,山有着独特的内涵。对此,本节首先分析英汉山文化的区别,进而探讨具体的翻译问题。

一、英汉山文化差异

(一)英语中的山文化

相较于中国山文化的丰富,西方的山仅作为一种自然现象出现,是客观的。而且关于山的描写,西方的文章中也并不常见。

这主要是因为西方人强调自然与人二分,并且主张人定胜天,所以具有浓重的抽象思维与客观思维。基于这一点,西方人对山的欣赏仅限于客观层面。

(1)表示"地面形成的高耸部分"。例如:

mountain areas 山区

mountain top 山顶

mountain ridge 山岭

(2)表示"许多、大量"。例如:

a mountain of work 堆成山的工作

grain mountain 堆成山的谷物

(3)比喻"费力,任务艰难"。例如:

English is his mountain.

英语是他的高山。

上述例句将"英语"比作"高山",比喻要学好英语,必须费尽艰辛。

可以看出,在西方文化中,mountain 并没有被赋予很多的象征意义,也没有汉语中"山"的文化义项。就英国而言,山只是一种自然现象,而且英国四面环海,在英国的经济发展过程中,人们更多地依赖于海,所以形成的文化是典型的"海洋文化"。

(二)汉语中的山文化

1.传达情感

对于山文化,自古至今很多文人墨客通过文学来呈现,而文学即人文学,人文学最集中的体现在于传达情感。因此,文人墨客眼中的山就成了传达情感的必需品,有些人用山来表达喜悦,有些人用山来表达思念,有些人则用山来表达一种宁静的心态。例如:

树高枝影细,山尽鸟声稀。

石苔时滑屐,虫网乍粘衣。

上述诗句出自释洪偃的《游钟山之开善定林息心宴坐引笔赋诗》,在这首诗中,诗人想要传达的是山的幽静,给人以心境平和之感,并且因此产生了对山的依恋,萌生一种归隐之心。

不同的诗人对待同一个景物,所抒发的情感是不同的。例如:

登襄阳岘山

张九龄

昔年亟攀践,征马复来过。

信若山川旧,谁知岁月何。

蜀相吟安在,羊公碣已磨。

令图犹寂寞,嘉会亦蹉跎。

岘山晚眺

刘基

湖上清溪溪上山,

山亭结构俯人寰。

窗中树色宜晴雨,

门外滩声自往还

上述两首诗词描写的都是岘山,表达的意境却明显不同。张九龄通过岘山表达出自己面对历史兴亡、物是人非的一种悲伤之情。刘基面对岘山的美景,感叹自己容颜易老,呈现的是对岘山的喜爱与倾慕。

2.意蕴多样

山文化的多样性不仅仅指的是组合形式的多样,还指的是山文化意蕴的多样性。也就是说,意蕴并不是单一的,而是不断变化的,甚至呈现多层次性。例如,山与松结合,既可以呈现神仙世界的浪漫,也可以表达坚贞不屈的性格。

另外,同一座山,不同的诗人会选择与不同的意象结合,有的习惯与风结合,有的习惯与鸟结合,有的习惯与隐士结合等,这些

组合的意象不同,代表的山的意蕴也会不一样。例如:

至湘洲望南岳

吴均

重波沦且直,连山纠复纷。

鸟飞不复见,风声犹可闻。

胧胧树里月,飘飘水上云。

长安远如此,无缘得报君。

游南岳

张乔

入岩仙境清,行尽复重行。

若得闲无事,长来寄此生。

涧松闲易老,笼烛晚生明。

一宿泉声里,思乡梦不成。

上述两首诗都是描写南岳的诗歌。吴均在诗中将"山"与"鸟""风声""云""月"等结合在一起,表达了路途非常遥远、屈折。诗中"山"代表的并不是"南岳",而是阻隔诗人看"南岳"的其他山脉,有着阻隔的意味。但是,"鸟"可以一飞而过,"风声""云""月"等都对"鸟"构不成阻碍,显然诗人没有"鸟"的翅膀,不能飞跃,传达的是一种期望,是一种可望而不可即的韵味。相比之下,张乔诗中的"山"指代的就是南岳山,他将南岳山比作仙境,并且将"山"与"涧""松""泉声"组合在一起,给人以脱俗清幽之感,清脆的泉声使诗人的思乡愁绪逐渐淡化,也因此产生了"长来寄此生"的想法与愿景。

3.意象传承

对于意象的传承,这一点是非常容易理解的。众所周知,人们共有的情感类型即喜怒哀乐,而对于某事的观点、看法等,如对于人应当保持正直,大部分人都会有这种想法,甚至成为人们的共识,不轻易对这一观点进行改变。因此,传承性就在这之中体现出来。

　　另外,很多人都会忽略一个重要的层面,即山的传承性与其对应的自然界原型的物理特征紧密相关。正如人们所知道的常识,山是千百年来不容易改变的物体,即始终在一个地方固定,即便出现板块位移,其的具体位置可能会发生些许变化,但是总体上仍旧不变。同时,山所具有的特征,如高大、树木繁茂等也不会发生改变。例如:

游敬亭山诗

谢朓

兹山亘百里,合沓与云齐。
隐沦既已托,灵异居然栖。
上干蔽白日,下属带回溪。
交藤荒且蔓,樛枝耸复低。
独鹤方朝唳,饥鼯此夜啼。
渫云已漫漫,夕雨亦凄凄。
我行虽纡组,兼得寻幽蹊。
缘源殊未格,归径窅如迷。
要欲追奇趣,即此陵丹梯。
皇恩竟已矣,兹理庶无睽。

独坐敬亭山

李白

众鸟高飞尽,孤云独去闲。
相看两不厌,只有敬亭山。

　　上述两首诗都是对敬亭山的描写。谢朓花费较大的笔墨对山的美加以描述,如"云""白日""回溪"等都是对山色美景的描述。李白对谢朓是非常推崇的,并且在自己的多个诗作中表达了对谢朓的肯定。也就是说,李白对敬亭山的描写受到了谢朓的启发,主要是为了传达敬亭山的美丽、清幽、灵性。

二、英汉山文化翻译

(一)英语中的山文化翻译

通过上述内容可知,在英语中,山并没有特别丰富的文化含义,多是对客观事物的描写,对此在翻译时就可以采用直译法。例如:

Mother father is higher than the mountains,deep than the sea.

父恩比山高,母恩比海深。

(二)汉语中的山文化翻译

1.直译法

虽然汉语中的山有着丰富的文化内涵,但都与其本身的物理特征紧密相关,这些物理特征也被西方人所共识,因此在翻译时可以采用直译法,通过上下文语境西方读者也能理解山的文化内涵。例如:

菩萨蛮

枕前发尽千般愿,

要休且待青山烂。

水面上秤锤浮,

直待黄河彻底枯。

On the pillow we make a thousand rows,and say

Our love will last unless green mountains rot away,

On the water can float a lump of lead,

The Yellow River dries up to the very bed.

(许渊冲　译)

对于原文中的"青山",译者采用直译法将其译为 green hills,这样既能表达原文形象,也便于读者理解。

2. 头韵法

汉语中常常会使用叠字等节律形式,以使语言更具有趣味性,也丰富语言的表达,给人一种音韵美。在对山文化中的这种表达进行翻译时,译者可以考虑采用头韵法,这样不仅与英语的表达习惯相符,还能够给英语读者留下深刻的印象,让他们获得与汉语读者相同的感受。例如:

送灵澈上人

刘长卿

苍苍竹林寺,杳杳钟声晚。

荷笠带斜阳,青山独归远。

Dark and dim, the Bamboo Grove Monastery,

Faint and faraway, the sound of bells at dusk.

Your bamboo hat carrying home the evening sun,

Alone you return to the distant green hills.

(Dell R. Hales 译)

上例中的"苍苍""杳杳"都属于叠字,译者在翻译时使用了头韵法进行处理,彰显出山的隐逸之感。

3. 着色法

因季节以及光照的变化,山常常会呈现出不同的颜色。在对山进行描写时,作者常会通过山的色彩来创造不同的意境。在翻译时,译者就可以从山的颜色入手,进而准确传达原文的含义与情感。例如:

白云泉

白居易

天平山上白云泉,云自无心水自闲。

何必奔冲山下去,更添波浪向人间。

Behold the White Cloud Fountain on the Sky-blue Mountain!

White clouds enjoy free pleasure; water enjoys leisure.

Why should the torrent dash down from the mountain high,

And overflow the human world with waves far and nigh?

（许渊冲 译）

对于原文中的"天平山"，通过着色法将其译为 Sky-blue Mountain(天蓝色的山)，不仅与"白云泉"颜色相搭配，而且将原文中和谐、宁静的氛围充分地表达了出来。

4. 实数虚化法

对于中国山文化的描述，诗人往往会采用一些常用数字，如"三""千"等，目的是以比喻、夸张的手法传达山的独特。对于这些数字的翻译，一般可以采用实数虚化法。例如：

绝句

杜甫

两个黄鹂鸣翠柳，一行白鹭上青天。

窗含西岭千秋雪，门泊东吴万里船。

Two golden orioles sing amid the willows green,

A flock of white egrets soared into the blue sky.

My window frames the snow-crowned western mountain scene,

My door oft says to eastward-going ships "Goodbye!"

（许渊冲 译）

对于上例中的"千秋雪"的翻译，译者巧妙地虚化了其概念，将其转化成 the snow-crowned western mountain 这一视觉形象，不仅表达出对原文的忠实，也表达了"西山顶"的魅力。

5. 调整物象关系法

诗人在描写山时，常常会将斜阳、银屏等作为背景，将栏杆、西楼等作为装饰，从而呈现给读者一个完整的图画。在对这类山文化进行翻译时，译者往往为了对句子结构进行平衡，并且考虑具体的语境效果，常对物象进行适时的调整。例如：

清平乐

晏殊

红笺小字，说尽平生意。

鸿雁在云鱼在水，惆怅此情难寄。

斜阳独倚西楼，遥山恰对帘钩。

人面不知何处，绿波依旧东流。

On rosy paper a hand fair

Has laid the innermost heart bare.

Nor fish below nor swan above

Would bear this melancholy message of love.

At sunset on west tower alone he stands still;

The curtain hook can't hang up distant hill.

Who knows where his beloved is gone?

Green waves still eastward roll on.

（许渊冲 译）

译者将原文中的"遥山"与"帘钩"这两个物象的关系进行改变，译作"The curtain hook can't hang up distant hill."将原作者的那份急切心情传达了出来。

第二节　英汉水文化差异及其翻译

人类的生活离不开水，水传达出的意境也颇多，可能传达的是水的清澈，也可能传达的是水的无声。对于水文化，中西方有着不同的阐释。下面就来分析英汉水文化的差异，并且在此基础上论述具体的翻译问题。

一、英汉水文化差异

（一）英语中的水文化

水是人类生命的依托，人类的生存必然离不开水这一物质载体。关于水文化,西方有如下两点理解。

1.生命之源

诺亚方舟是一个众所熟知的故事——这个故事讲述了洪水再生,即洪水滔天,万物灭绝,而人类中一个叫诺亚的好人重返大地,并且使大地繁衍生息。

英国现代派诗人托马斯·艾略特(Thomas Stearns Eliot)的《荒原》(*Waste Land*),用大地干旱龟裂、草木枯竭来形容人类的理想和信仰等逐渐消失,也预示着人们对活命的水的期待和盼望,而突然而来的闪电与甘霖,预示着水的到来,也预示着希望的到来。

2.一种情感与诗化

西方国家多围绕海洋而生,然而在西方文学史上并不存在"海洋文学"这一说法,但是很多优秀的文学作品都渗透着海洋文明的特色。例如,古希腊荷马史诗中的《奥德赛》(*The Odyssey*),导致海洋文学诞生。奥德修斯漂泊于海上,并经历了多个故事,这些故事虽然具有神话色彩,但是展现了一个明确的对象,即人与自然的斗争过程。这也标志着西方历险文学的开始,也是人们探求世界的原型。

中世纪,在盎格鲁-撒克逊的民族史诗《贝奥武甫》(*Beowulf*)中,也存在大海这一形象,但是在这一故事中,大海成了海怪的庇护场所,蕴藏着杀机与危险,也给人们带来了巨大灾难。

在阿拉伯民间故事《一千零一夜》的《辛伯达航海旅行的故事》中,主人公为了探求新的知识与财富,经历了艰难险阻。

(二)汉语中的水文化

1.比喻离别愁绪

古人一般会临江作诗送别亲人、朋友,表达对亲人、朋友即将远行的离别愁绪。例如：

望江南

温庭筠

梳洗罢，独倚望江楼。

过尽千帆皆不是，

斜晖脉脉水悠悠，

肠断白蘋洲。

在这首诗中，悠悠流水中倒映着余晖，映射出妇人期待丈夫归来的寂寞情感。

另外，古代诗人有兼济天下的抱负和理想，但是在现实中往往遭遇坎坷，人生不得志，一生穷困潦倒。而潺潺的流水恰好能够形容这种心情挥之不去。例如：

虞美人·春花秋月何时了

李煜

春花秋月何时了？往事知多少。

小楼昨夜又东风，故国不堪回首月明中。

雕栏玉砌应犹在，只是朱颜改。

问君能有几多愁？恰似一江春水向东流。

这首诗的最后一句恰好表达了诗人遭遇坎坷之后的心境，即南后主李煜的亡国之愁。

2.比喻爱情阻隔

在人类的文化心理中，流水不仅扮演着可爱的角色，有时也代表着可恨的角色。人的生活离不开水，因此很多人选择邻水居住，那么水边就成为男女相会的场所。但是，古代的思想比较保守，很多时候男女不能私会。例如：

蒹葭

蒹葭苍苍，白露为霜。

所谓伊人，在水一方。

......

这首诗就描写了男女之间谈恋爱的艰难,有水的阻隔。再加上正逢秋季,因此给人以惆怅之感,让人可望而不可即。

3.比喻时光流逝

流水一去不复返,因此人们常以流水来比喻人生易逝,比较短暂。例如:

君不见,黄河之水天上来,奔流到海不复回。

君不见,高堂明镜悲白发,朝如青丝暮成雪。

黄河之水从天而降,奔向大海,不再回环,人生也如同黄河奔流一样,如此短暂,朝朝暮暮之间就满头白发。形容一个人的青春短暂,一去不复返。

4.比喻跳动音符

泉水的涌动、小溪的清澈,如同甜美的少女、好动的男童一般,因此水也比喻跳动不止的音符,呈现的是一种快乐的心境。例如:

遗爱寺

白居易

弄石临溪坐,寻花绕寺行。

时时闻鸟语,处处是泉声。

这首诗突出了自然的美,有溪水也有鸟语泉声,表达了诗人喜悦的心情。

二、英汉水文化翻译

(一)英语中的水文化翻译

英语中对于水多为描写性的表达形式,表达出作者的所见,是烘托作者感情色彩的重要意象。针对英语中这种水文化概念,译者可以采用直译的形式,从而表达出作者的思想情感。例如:

Water is the eye of landscape.

水是风景的眼睛。

(二)汉语中的水文化翻译

1. 直译法

在翻译汉语中的水文化时,可以采用直译法,也就是说"水"可直译为 water,river,stream,直译后"水"的文化内涵会基本得以保留。例如:

望庐山瀑布

李白

日照香炉生紫烟,遥看瀑布挂前川。

飞流直下三千尺,疑是银河落九天。

CATARACT ON MOUNT LU

Li Bai

The sunlit Censer perk exhales a wreath of cloud;

Like an upended stream the cataract sounds loud.

Its torrent dashes down three thousand feet from high;

As if the Silver River fell from azure sky.

(许渊冲 译)

2. 替代法

在汉语文化中,水的文化内涵十分丰富,很难直接用英语来表达,此时可以尝试采用替换法,这样可以有效消除语言障碍,还可以让读者感受到原文的意境。例如:

山居秋暝

王维

空山新雨后,天气晚来秋。

明月松间照,清泉石上流。

After the rain had bathed the desolate mountain,

The fresh evening air blows the breath of autumn.

Into the forest of pines the moon sheds her lights;
Over the glistening rocks the spring water glides.

（许渊冲　译）

译者并没有将原文中的"流"翻译为 flow，而是替代为 glide（滑动），从而将水的灵动、轻盈表现得惟妙惟肖，这样可以便于读者更加深切地体会原文的美好意境。

3. 转移法

灵动的流水能够给人丰富的审美和创造空间，同时会让人产生一些理解空白。为了填补这些空白，并将水的烘托效果充分表达出来，译者可采用转移法进行翻译，也就是在句内进行一些语义转移。例如：

丹阳送韦参军

严维

丹阳郭里送行舟，一别心知两地秋。

日晚江南望江北，寒鸦飞尽水悠悠。

At the outer wall of Danyang, I see your boat go,
Knowing in both hearts of our sorrows will grow,
From the south of the river I look at the north,
And only see crows flying over the cold waterflow.

（陈君朴　译）

原文满是离情别绪，并通过水这一物象进行烘托。为了将这种艺术美感充分表现出来，译者将"寒"的语义转移到了江水之上，将其译为 cold waterflow，充分地表现了作者的凄凉与失落之感。

第三节　英汉动物文化差异及其翻译

任何一种民族语言都与其文化紧密相连，由于受文化传统、文化内容等诸多因素的影响,英汉两种语言赋予了动物词汇一定的文化内涵,并形成了各自特定的动物文化。动物文化体现了不同民族在道德、精神、生活等层面的内容,是对不同民族心理文化与社会文化背景特征的反映,因此对英汉动物文化进行对比,有助于了解不同民族的心理文化与社会文化,并基于这些差异,更好地展开翻译,实现跨文化交际。

一、英汉动物文化差异

(一)相同动物具有相同的内涵

1. swan 与天鹅

在英语中,swan 的含义是典雅的、圣洁的、美好的。在英语中,有很多与 swan 相关的短语。例如:

the swan of Avon 埃文的天鹅

wild goose chase 做徒劳的事情(比喻追求不可能得到的美好事物)

All your swans are geese.

所有的美好愿望都变成泡影。

汉语中也是如此的寓意,如"癞蛤蟆想吃天鹅肉"就是用癞蛤蟆的卑微、丑陋反衬天鹅的高贵与美丽。我国赫哲族的天鹅舞就是表现美丽少女对封建婚姻的反抗,希望变成一只白天鹅。

2. bee 与蜜蜂

在英汉两种文化中,bee 与蜜蜂在文化内涵上基本相似。例如:

as busy as bee 忙得团团转,非常忙

a busy bee 一个忙碌的人

他整天埋头苦干,像一只勤劳的小蜜蜂。

他们准备考试,忙得像蜜蜂似的。

3. bug 与臭虫

英语中的 bug 常常用来比喻人,有着戏谑的味道,也用来比喻对某件事、某个物品偏好的人。例如:

a football bug 喜欢足球的人

a camera bug 喜欢摄影的人

a bug at sports 体育迷

汉语中也有以虫喻人的说法。例如:

糊涂虫:不明事理的人

懒虫:非常懒惰的人

蛀虫:侵吞国家财产、他人财产的人

(二)相同动物具有不同的内涵

1. dragon 与龙

英语中的 dragon 与汉语中的"龙"的文化内涵存在明显的差异,这是最为典型的例子。在西方的神话传说中,dragon 是一种长有翅膀、身上有鳞、具有长蛇尾、能够喷火的动物,是邪恶的代表。甚至,dragon 被西方人认为是凶残的,应该被消灭,这在很多的古代神话人物事迹中可以体现出来,很多英雄都会去剿灭这种怪物,并且最后以怪物被杀作为结局。现实中,有很多与 dragon 相关的包含贬义的说法。例如:

to sow dragon's teeth 播下了不和的种子

相比之下,中国人眼中的"龙"是一个图腾的形象。在中国的古代传说中,龙能够降雨,能够上天入地,集合了多种动物的本领。中国人赋予龙吉祥的象征,并认为是"龙的传人"而感到非常的自豪。在中国几千年的历史中,龙的地位一直非常高大,并作为封建皇权的一种象征,如"真龙天子""龙袍""龙脉"就是典型的代表。

中华民族推崇龙的英勇不屈的精神,中华民族力图将其发扬光大,形成一种不屈不挠的精神观念,构成中华民族的一种道德规范。因此,在汉语中与"龙"相关的成语有很多。例如:

画龙点睛

生龙活虎

龙腾虎跃

龙飞凤舞

另外,很多人期待自己的孩子能够成为人中龙凤,因此在起名的时候也多用"龙",如"贺龙""李小龙"等。

2. dog 与狗

狗在英汉民族中都非常常见,虽然他们对狗的指称意义是一致的,但是对养狗的态度与目的不同。

在英语民族中,dog 的地位是非常高的,它们不仅用于打猎、看家,还往往用于陪伴。有的人没有儿女,往往用 dog 来替代,他们的 dog 有很多特权与优待,有吃有穿,还有音乐家为其专门谱的"狗曲",生病时还请兽医来诊治,还会请专科医生、心理学家来疏导与治疗。如果主人外出,它们还可以享受假期待遇。可见,在英语民族中,dog 的地位是非常高的,因此也诞生了很多与之相关的短语。例如:

Lucy is a lucky dog.

露西真幸运。

Every dog has its day.

人人都有得意的一天。

相比之下,中国人眼中的狗是令人讨厌的动物,代表着龌龊、肮脏。很多与狗相关的表达都是用来骂人的。例如:

狗仗人势

狗急跳墙

鸡鸣狗盗

狗胆包天

狼心狗肺

狗眼看人低

狗嘴里吐不出象牙

3. owl 与鹰

在古希腊、古罗马神话故事中，owl 常常在雅典娜女神旁边栖息，因此英语中的 owl 代表着智慧，是一种智慧之鸟，如果禽兽之间人发生冲突，往往会请 owl 来裁决，紧要关头也需要 owl 来救助。例如：

as wise as an owl 像老鹰一样有智慧

He peered owlishly at us.

他机智地审视着我们。

在汉语中，猫头鹰的形象则与 owl 完全不同。由于猫头鹰往往在夜间出没，并且往往盘旋于坟地上方，发出的叫声也比较凄惨，因此中国人认为猫头鹰是不吉利的。民间甚至有这样的传说：如果猫头鹰在谁家的树上降落，或者谁听到了猫头鹰的叫声，那么就意味着他或她将要面临死亡。这样一来，人们将猫头鹰与厄运、倒霉等联系起来，认为猫头鹰是不祥的，随之也诞生了很多与之相关的说法。例如：

夜猫子进宅，无事不来

夜猫子进屋，全家都哭

夜猫子抖搂翅，大小有点事儿

4. bat 与蝙蝠

在西方的传说中，bat 是一种邪恶的动物，往往与黑暗有着密切的关系。西方人一提到 bat，往往会联想到 vampire，即吸血蝙蝠。传说中的 vampire 会在夜间离开墓地，去吸食人们的鲜血，让人们非常恐惧，对它也是非常厌恶的。英语中很多成语都表明了这一特点。例如：

crazy as a bat 如同蝙蝠一样的疯狂

as blind as a bat 如同蝙蝠一样瞎

但是在汉语中，蝙蝠给人的感情是不一样的，由于其与"福"字的发音相同，因此被人们认为是健康、幸福的代表。在中国的很多传统画作中，蝙蝠与鹿往往被放在一起，意味着"福禄"，代表荣华富贵，保佑人们能够福禄安康。同时，由于"红蝠"与"洪福"谐音，因此红色的蝙蝠更为吉利。

5. magpie 与喜鹊

在英语中，magpie 象征着唠叨、饶舌，同时代表杂乱与混杂。例如：

Lucy kept muttering like a magpie.

露西像喜鹊一样在那吵闹。

Andy is a magpie.

安迪是一个饶舌的人。

to magpie together 鱼龙混杂

a magpie collection 大杂货堆

相比之下，汉语中的喜鹊代表吉祥，它的叫声能够给人们带来喜讯。例如：

晴色先从喜鹊知

鹊声喧日出

破颜看鹊喜，拭泪听猿啼。

6. petrel 与海燕

西方人对 petrel 是没有好感的，认为其与纠纷、灾难联系在一起，是带来麻烦的人、肇事的人。

相比之下，中国人眼中的海燕不畏艰险，勇敢拼搏，是搏击风浪的斗士，因此是非常勇敢的。很多人也将海燕作为名字或商标，以预示拼搏的含义。

7. bull 与牛

在西方国家，牛不被当作农家宝，而是一种食物。西方人眼中的牛有着满身的缺点。例如：

like a bull at a gate 凶悍、狂怒

a bull in a china shop 闯祸的人、鲁莽的人

throw the bull 说胡话、胡言乱语

John Bull 约翰牛，鲁莽的人、躁动不安的人

中国是一个农业大国，有着悠久的农耕历史，牛与人们的感情颇深，被人们当作农家宝。甚至，在《牛郎与织女》这一民间传说中，牛郎与牛相依为命，为主人的幸福而奉献自己。

另外，牛有着忍辱负重的意思，如"孺子牛"是指甘于为人们奉献的人。虽然也有"牛脾气"这样的说法，但是只能说这是一个中性的意思，牛的形象在中国人的心中非常巨大。

（三）相同动物既有相同内涵又有不同内涵

1. peacock 与孔雀

在英语中，peacock 的含义具有贬义色彩，指的是傲慢、炫耀自己、洋洋得意的人。例如：

proud as a peacock 像孔雀一样傲慢

They are peacocking in their bustle on.

他们都在炫耀自己的裙衫。

在中国，孔雀也有类似的意思，代表一种爱比美、有虚荣心的动物。例如：

孔雀爱羽，虎豹爱爪。

孔雀一亮相显得又矜持又傲气。

但除了这层含义，孔雀在汉语文化中还代表吉祥，尤其是孔雀开屏，有着大吉大利的含义。在中国云南傣族地区，人们用孔雀舞表达自身的愿望。当然，这层含义在英语中是不存在的。

2. fox 与狐狸

无论在英语中还是在汉语中，fox（狐狸）都指的是野生的、普

通的食肉动物,属于犬科,性情狡猾,因此在用作比喻时,往往指代的是"奸诈、狡猾"。在这一点上,英汉语言对于狐狸的寓意是相似的。例如:

as sly as a fox 像狐狸一样狡猾

a sly old fox 一只狡猾的老狐狸

Lily is as cunning as a fox.

莉莉狡猾得像一只狐狸。

狐狸再狡猾,也逃不过猎人的眼睛。

狐狸再狡猾,也要露出尾巴。

但是在中西方文化中,fox(狐狸)的内涵也存在不同的地方。在汉语中,狐狸还可以指代狐媚、强权等。例如:

狐狸精:指代卖弄风骚的女人

狐朋狗党:指代勾结在一起的坏人

狐媚:指代用于拍马屁的手段

狐假虎威:指代倚仗权势欺压他人的做法

相比之下,英语中的 fox 就没有这层含义。英语中的狐狸除了有狡猾的意思,还可以指代"精明""俊俏"。例如:

crazy like a fox 一个精明的人,一个不轻易上当的人

wary foxy eyes 具有一双警觉的眼睛

甚至,西方有些人将 fox 作为姓氏,表达他们对 fox 的喜爱。

3. fish 与鱼

在英语中,fish 往往用来比喻人或国家。例如:

The new teacher is a cold fish.

这名新教师是一个冷漠的人。

Fish begins to stink at the head.

鱼烂头先臭。(指国家内乱)

当然,这一意思在汉语中也是存在的。例如:

现在人多手乱,鱼龙混杂。

其自亡奈何? 鱼烂而亡也。

除了上面相同的含义外,汉语中的鱼与"余"同音,因此代表着富足。这里,鱼就有了褒义色彩,即代表吉祥。在过年时,中国的餐桌上往往会有鱼,这是因为家家期盼"年年有余"。而这层含义在英语中不存在。

(四)相同动物在英汉语言中无对应内涵

1. mandarin duck 与鸳鸯

因鸳鸯雌雄成双成对在水中生活,平时戏水玩耍,形影不离,过着一种美满、自由的生活。所以,在中国文化中,鸳鸯代表着夫妻恩爱、幸福美满。新婚夫妇的婚房中往往会有鸳鸯被、鸳鸯枕等,这些都是代表对美好幸福婚姻生活的祝福。但是在英语中,mandarin duck 并没有这层含义。

2. crane 与鹤

在中国人眼中,乌龟和鹤代表着长寿,因此鹤在汉语文化中是长寿的象征,被视为神仙的坐骑,又被称为"仙鹤"。由于神仙是长生不老的,因此仙鹤也是长生不老的。人们在给人贺寿的时候,往往会赠送一幅仙鹤图,寓意健康长寿。但是,英语中的crane 并没有这层意思,也不会产生如此的联想。

3. buffalo 与水牛/野牛

对于这一动物,在汉语中没有什么联想意义。但是在英语中,to buffalo 这一习语是尽人皆知的,指的是"让人迷惑、使人不解",后来进一步引申为"威胁人、吓唬人"。这一习语的产生与美国早年西部开发相关,当时美国西部的人们为了赚钱,对buffalo 进行大量的猎捕,剥皮之后拿到市场上去卖掉还钱,但是很快他们发现这种动物太难猎捕了,很难制服,因此很多人就开始抱怨"We are buffaloed."意味着他们在野牛面前是束手无策的。

4. white elephant 与象

在中国人眼中,象是一种庞大的动物,有着硕大的耳朵、长长的鼻子、尖尖的牙齿,很多人从小就知道"曹冲称象"的故事,但是对于象并没有什么特殊的联想。而在英语中,white elephant 有着笨拙、大而无用的意思。

5. silkworm 与蚕

蚕产于中国,吐出的丝用于制作丝织品,并受到国内外人们的喜欢。"丝绸之路"早就闻名于世界,中国的蚕文化也有着悠久的历史。"春蚕到死丝方尽,蜡炬成灰泪始干"就是对蚕的高度赞扬。蚕的这一深刻内涵在中国人的心目中深深刻印。但是在英语中,silkworm 仅仅是一只小小的虫子,并没有其他的文化内涵。

二、英汉动物文化翻译

(一)直译法

所谓直译,即将源语中的动物文化意象直接翻译为目的语文化中的对等意象。由于人们对某些动物的情感具有共通性,因此在翻译时可以实现文化重合,进行意象的等值传递。例如:

A lion at home, a mouse abroad.

上例中包含两个动物意象:lion 与 mouse,由于英汉两种语言中都可以用狮子形容凶猛,用老鼠形容胆小,因此可以直译为"在家如狮,在外如鼠。"

她只会鹦鹉学舌。

在上例中,鹦鹉在英汉两种语言中的意义基本一致,都可以用于指代某人没有自己的观点,缺乏主见。因此,可以将其直接翻译如下:

She just parrots what others say.

（二）转译法

所谓转译，是指在目的语中存在一种动物意象能够与源语动物意象实现对等，进而将源语动物意象转译为目的语动物意象。有时候，译者采用转译的翻译手法主要是因为源语意象并不能被读者理解与把握，并且目的语中恰好存在与之相契合的对等意象，所以就用其加以替代，以便于目的语理解把握。例如：

力大如牛 as strong as a horse

落汤鸡 like a drowned rat

拦路虎 lion in the way

瓮中之鳖 like a rat in a hole

（三）省译法

所谓省译，即对动物文化意象的减值传递。有些动物词汇在英语中有着丰富的文化内涵，但是在汉语中并不存在；反过来同样如此，因此译者可以采用意象减值传递的手法，直接翻译出动物意象的内涵，也可以称为"释义法"。例如：

rain cats and dogs

由于汉语中并不具备与之对应的动物文化意象，因此翻译时只需要将意象省略，保留"倾盆大雨"即可。

a poor fish

英语中的 fish 可以指代特殊的人，但是在汉语中并不存在这一义项，因此可以将动物意象省略，直接翻译为"倒霉的人"，这样才能消除读者的阅读障碍。

（四）套译法

如果源语中的动物词汇与目的语相对应的动物词汇有着不同的内涵，那么译者就可以对动物形象加以改变，用目的语中相对应的动物形象来表达，这就是套译法。例如：

have a wolf by the ears 骑虎难下

to shed crocodile tears 猫哭老鼠

牛饮 drink like a fish

热锅上的蚂蚁 like a cat on hot bricks

第四节　英汉植物文化差异及其翻译

人类与植物关系非常密切,正是由于植物的存在,人类才能延续与发展。无论是在古代还是在现代,人们都将植物作为物质基础,并且用植物来传达思想与情感。因此,植物就拥有了丰富的内涵和文化寓意。概括来说,人们对各种植物的态度、看法及各类植物所蕴含的意义反映的是该植物文化的基本内容。由于受文化背景、自然条件的影响和制约,各民族有着不尽相同的植物文化。因此,本节就对英汉植物文化的差异及翻译问题展开探讨。

一、英汉植物文化差异

(一)相同植物具有相同的内涵

1. oak 与橡树

在英汉两种语言中,oak(橡树)都代表着坚韧与刚毅。在英语中,有很多与 oak 相关的短语。例如:

a heart of oak 刚毅的人、勇敢的人

Queen's oak 女王橡树

汉语中也是如此,可以通过舒婷的《致橡树》感受到,诗人用"橡树"的"铜枝铁干""伟岸的身躯"等形容男人的坚强与刚毅。

2. cherry 与樱桃

在英汉语言中,cherry(樱桃)都用来表达人的嘴唇小而红润,

如同樱桃一般。例如：

Thy lips, those kissing cherries, tempting grow!

你的嘴唇，如同那吻人的樱桃，瞧上去那么诱人！

樱桃樊素口，杨柳小蛮腰。

3. olive 与橄榄树

无论在英语中还是在汉语中，olive（橄榄树）都象征着和平。英语中有 hold out the olive branch，意思是"要求和平解决，向他人伸出橄榄枝"。受英语文化的影响，在汉语中橄榄树也代表着和平、安宁。

（二）相同植物具有不同的内涵

1. rhodora 与杜鹃

英语中的 rhodora 代表的是"美丽"，有这样的一首诗。

Rhodora! If the sages ask thee why

This charm is wasted on the earth and sky,

Tell them, dear, that if eyes were made for seeing,

The beauty is its own excuse for being.

在汉语中，杜鹃不仅指杜鹃花，还指杜鹃鸟。传说杜鹃花是由杜鹃鸟啼血演变而来的。杜鹃花有"花中西施"的称呼，并被后人传诵。唐代诗人白居易就对于杜鹃非常热衷，他做过很多与杜鹃相关的诗词。例如：

谪仙初堕愁在世，姹女新嫁娇泥春。

日射血珠将滴地，风翻火焰欲烧人。

闲折两枝持在手，细看不似人间有。

花中此物似西施，芙蓉芍药皆嫫母。

这首诗最能体现白居易对杜鹃的喜爱。

2. daffodil 与水仙

英语中的 daffodil 是道德的象征，代表的是一种自我欣赏、傲慢、自尊自大。在希腊神话中，那喀索斯（Narcissus）是一位美少年，但是他只爱惜他自己，对他人漠不关心，回声女神厄科向他表达爱意，他直接拒绝了她，之后厄科逐渐憔悴，躯体消失，只留下山林中的回声。爱神阿佛洛狄特为了惩罚那喀索斯，让他迷恋上自己的倒影，最后憔悴而死，死后化成了水仙花。因此，daffodil有了与narcissus同样的寓意。

另外，英语中的daffodil可以代表春天与活力。例如：

I wonder'd lonely as a cloud

That floats on high o'er vales and hills

When all at once I saw a crowd,

A host, of golden daffodils;

Beside the lake, beneath the trees,

Fluttering and dancing in the breeze.

汉语中的水仙花是"花草四雅"之一，在我国已经有1 000多年的培育历史，自宋朝以来，有很多对水仙花歌颂的诗词。水仙花在诗词中被认为是"凌波仙子"，代表的是轻盈漫步的仙子，因此有"高雅、脱俗"的含义。

3. willow 与柳

英语中的willow指代的是悲伤、悲哀，尤其指代的是某人丧失配偶等忧伤的心情。例如，the green willow, to wear the willow都代表悲伤与失恋。

在汉语中，杨与柳可以混称为一种植物，即杨柳。其文化寓意也非常丰富。其一，柳与"留"谐音，因此代表一种离别、留恋的意思，古代人往往用折柳代表赠别。其二，寄托思念，如"杨柳依依，今我来思"表达的是戍边战士对家人的一种思念之情。

同时，汉语中的柳可以表达女人的美貌。例如：

柳腰：指代女子柔软的细腰

柳眉：指代女子美丽的眉毛

（三）相同植物既有相同内涵又有不同内涵

1. orchid 与兰花

在英汉语言中，orchid（兰花）被认为是"美好事物"的代表。在英语中，orchid 代表着美丽，如《了不起的盖茨比》中有这样一句话："…Gatsby indicated a gorgeous, scarcely human orchid of a woman who…"在汉语中，兰花也代表着清丽脱俗，是完美的象征。陶渊明的"幽兰生前庭，含熏待清风"这一句诗就借用兰花的寓意来表达自己的情怀。

但是，汉语中的兰花还有着英语中没有的寓意。屈原的诗词"纫秋兰以为佩"是将兰花视作君子的象征，代表的是高洁的品质。《孔子家语》中这样描述："与善人居，如入芝兰之室，久而不闻其香，即与之化矣……"孔子将兰花与君子相关联，主张君子应该如同兰花一样，虽然在幽谷中生长，但是仍旧能够独立不倚，君子也应该立身处世，不求闻达，淡泊明志。

2. peach 与桃

在英汉语言中，peach（桃）都可以用来比喻美貌、美人。英语中有 a real peach（一位美人）这一习语。汉语中有"人面桃花相映红"的说法，用桃花比喻美人。

除了这一共同意义外，英语中的 peach 可以表达吸引人的事物、极好的事物。例如：

That was a peach of shot!

射的太棒了！

而汉语中的"桃"的寓意更为广阔。其一，其可以代表长寿，如众所周知的王母蟠桃盛宴，据说吃了王母的仙桃可以长生不老。其二，从汉代开始，用桃子制作的物品，如桃板、桃剑等都可以驱邪。其三，可以表达一种人们对安定生活的向往，如陶渊明笔下的"世外桃源"就是这个意思。其四，还可以表达男女爱情，如"桃花运"就指的是男子在爱情层面的运气。

3. laurel 与桂树

在英汉语言中，laurel 与桂树都代表的是殊荣、荣誉。英语中的 laurel 源于 laurus 这一拉丁语。据说，古希腊、古罗马人用桂树枝叶编成冠冕，授予英雄或者体育、音乐等竞赛的获胜者，以后成为欧洲的一种习俗。汉语中也是如此，古代的乡试是在农历八月举行，这时候正好是桂花开放的时节，因此将考中的考生称为"折桂"，将登科及第的人称为"桂客""桂枝郎"。

除了上面的寓意，汉语中的桂树往往与神仙联系在一起。在众多的神话传说中，桂花树最后成为长生不老的仙树。"月桂"的传说已经有悠久的历史。在文人墨客的笔下，桂花被称为"木犀花"，代表的是超凡脱俗的气质与品格。

4. rose 与玫瑰

在英汉语言中，rose（玫瑰）都代表的是爱情，并且汉语中的这一含义也是受到英语的影响。在情人节，恋人们往往互送玫瑰，表达对对方的爱意。英语中著名诗人彭斯的《一朵红红的玫瑰》就是这样的寓意。

My luve's like a red, red rose,

That's newly sprung in June;

My luve's like the melodie,

That's sweetly played in tune.

除了代表爱情，玫瑰在汉语中还有其他的含义。曹雪芹《红楼梦》中的贾探春，被称为"玫瑰花儿"，这个称呼是说贾探春本身明艳动人，但是美中带刺。因此，汉语中的玫瑰可以用来形容人长得非常娇媚，但是性格上带刺，不太容易亲近。

但是英语中不具备这一含义，往往仅用于形容女人的美貌。roses in her cheeks（白里透红的面容）就是一个典型的例子。除了代表爱情与美貌，rose 往往被西方人认为是高贵的象征，是"尽善尽美"的代表。例如：

a bed of roses 称心如意的生活

be roses all the way 万事如意，一帆风顺

gather life's roses 寻求快乐，享受人生

come up roses 很顺利、很完满的事情

英语中的 rose 还有"严守秘密"的含义。例如，under the roses 的含义为"私下的、秘密的"。这一习语出自罗马神话故事，女神维纳斯性情非常浪漫，喜欢恋爱，一天，当她沉醉于风流之时，被沉默神哈波克雷特撞见。这时，爱神丘比特来了，维纳斯怕哈波克雷特告诉丘比特，便捧着一束美丽的玫瑰花送给哈波克雷特，要求哈波克雷特保守秘密。哈波克雷特接受了礼物，并告诉维纳斯会保守秘密。因此，玫瑰花就有了"严守秘密"的意思。但是，这一层含义在汉语中是不存在的。

5. thorn 与荆棘

英汉语言中的 thorn（荆棘）都有着困难、障碍的意思。英语中的"But O, the thorns we stand upon"（但是，我们的处境充满了荆棘）就是典型的代表。汉语中也有"披荆斩棘"的说法，比喻扫清各种障碍与困难，用于指代奋勇向前、不畏艰险的性格。

除了这一层含义，汉语中的荆棘还可以指代道歉赔礼。最有名的例子就是廉颇、蔺相如的故事。战国时期，廉颇、蔺相如同朝为官，蔺相如因为功劳大，被封为"上卿"，官居于廉颇之上，廉颇不服气，想要侮辱蔺相如，蔺相如为了国家的利益，不与之计较，后来廉颇明白了实情，负荆请罪。

（四）相同植物在英汉语言中无对应内涵

1. 只在英语中含有文化内涵的植物词语

（1）daisy（雏菊）。在英语中，daisy 象征的是"春天"。例如：

Spring

When daisies pied and violets blue

And lady-smocks all silver-white

And cuckoo-buds of yellow hue

...

春之歌

当杂色的雏菊开遍牧场，

蓝的紫罗兰，白的美人衫，

还有那杜鹃花吐蕾娇黄

……

除了"春天"的寓意，daisy 还可以象征"活力"，或者被用于葬礼上，象征"死亡"。例如：

as fresh as a daisy 充满活力、精力充沛

push up the daisies 被埋葬，死亡

（2）violet（紫罗兰）。在英语中，violet 象征"腼腆""羞涩"。例如：

a shrinking violet 不爱受到当众表扬的人

a violet 腼腆的人，羞涩的人

同时，violet 具有"夭折"的意思，表达一种哀悼之意。例如，《哈姆雷特》中雷欧提斯在他妹妹的坟墓旁说："Lay her I'the earth, and from her hair and unpolluted fresh may violets spring!"

（3）primrose（樱草花）。在英语中，primrose 象征"奢侈、享乐"，习语中有 the primrose path，意思就是"追求享乐"。

（4）orange blossom（橘子花）。在西方国家中，orange blossom 是一种多产的植物。在传统的婚礼上，其多用于新娘头饰，因此 orange blossom 可以用于指代新娘。例如，to go gathering orange blossom 指"寻找合适的姑娘做新娘"。

（5）holly（冬青树）。在英语中，holly 是一种常绿乔木，当进入冬季，其他树木花草凋零，holly 却枝繁叶茂，给人以勃勃生机

之感,因此 holly 象征"男性力量"。在中世纪,很多人将其枝叶置于家中或者戴在身上,目的是驱邪。

（6）palm（棕榈枝）。在英语中,"棕榈枝"代表着"胜利",很多西方国家的军功章上都有棕榈枝的形状。古罗马人也常常将棕榈叶做成花环,奖励给战胜的人。英语中有很多与 palm 有关的习语。例如：

carry off the palm 得奖,获胜

bear the palm 获胜

（7）reed（芦苇）。reed 是一种容易被折断的细长植物,因此常被用于形容不可靠的人或事。例如,a broken reed 本义是"压倒受伤的芦苇",后引申为"懦弱的人,不可靠的人"。

（8）lemon（柠檬）。在英语中,lemon 象征"空虚的""廉价的""没有意义的"。例如,hand sb. a lemon 意为"欺骗某人"。

2. 只在汉语中含有文化内涵的植物词语

（1）梅花（plum blossom）。在中国文化中,梅花有着丰富的含义。其与"松、竹"并称为"岁寒三友",这是因为梅花往往生长在恶劣的环境中,给人以坚贞不屈之感。同时,梅花与"兰、竹、菊"并称为"四君子",这是因为梅花有淡雅纯洁、敢斗风雪的君子形象。对于梅花的描述,陆游的《咏梅》中说道："零落成泥碾作尘,只有香如故。"借助梅花,作者形容自己不同流合污的心境。王安石的《梅花》中直接写道："墙角数枝梅,凌寒独自开。"作者表达出一种寂寞的性情,它不屑与其他植物争锋斗艳,而是独自迎接风雪,写出了梅花的"坚贞自守"的性格。

除了这些内涵,由于梅花花开五瓣,因此有了"梅开五福"的说法,象征着"长寿""幸福"。

（2）莲花（lotus/water lily）。汉语中,莲花的含义非常丰富。第一,莲花代表"美貌、美人",如"妖娆压红紫,来赏玉湖秋。"就是这个意思。第二,莲花代表"清丽脱俗,洁身自好",是正直、君子的象征,如周敦颐的《爱莲说》中写道："予独爱莲之出淤泥而不

染,濯清涟而不妖,中通外直……"第三,莲花象征"男女之间的爱情",即从谐音上来说,莲同"怜",藕同"偶",如"……无端隔水抛莲子,遥被人知半日羞。"就引用了这一双关成分。第四,莲花印在织物上,与鲤鱼一起象征"连年有余",是吉利的意思。

(3)芍药(Chinese herbaceous peony)。芍药花首先象征着"爱情",如《诗经》中的"维士与女,伊其相谑,赠之以芍药。"这表达的就是男方向女方赠送芍药花,以表达爱意。其次,芍药代表"春天",因为芍药花开放于暮春到初夏这段时间,如王贞白的《芍药》中这样写道:"芍药承春宠,何曾羡牡丹。"等到百花都谢去的时候,芍药开放,征得春天的宠爱,给人们保留着春天的气息。

(4)杏花(apricot blossom)。杏花是在二月开放,因此人们将二月看作杏花开放的时节,也将二月称为"杏月"。杏花开放的时候往往伴有蒙蒙细雨,因此诗人常常将杏花与雨相联系,如"小楼一夜听春雨,深巷明朝卖杏花。"

(5)梨花(pear blossom)。梨花洁白,诗人往往将其与白雪进行对比,因此梨花也象征"白雪",如岑参的《送杨子》中写道:"梨花千树雪"。而王融的《咏池上梨花诗》写道:"翻阶没细草,集水间疏萍。芳春照流雪,深夕映繁星。"其中点出了梨花开放的季节,即春天,因此梨花也有了"春天"的象征意义。例如:

点绛唇·雪香梨

王十朋

春色融融,东风吹散花千树。雪香飘处。寒食江村暮。

左掖看花,多少词人赋。花无语。一枝春雨。惟有香山句。

(6)松(pine)。在中国,松树被称为"百木之长",有"王者之尊"的含义,代表一种刚毅、坚贞不屈的精神。《论语》中有"岁寒然后知松柏之后凋。"表达了松柏不为严寒的精神。松柏四季常青,是世界上寿命最长的植物,因此松柏代表"长寿"。

(7)竹(bamboo)。中国人往往从竹的身上联想汉民族的品格。竹子四时常茂,亭亭玉立,有刚毅、挺拔的韵味。人们将竹子的特征升华成人的品格,赋予人高洁、清幽、坚韧的精神。如前文所述,"梅、兰、竹、菊"并称"四君子",而在这之中,谦虚谨慎、无私奉献、坚韧不屈是竹子的品格与风骨。

竹子中有节,象征"高风亮节",如白居易的《养竹记》中写道:"竹似贤,何哉? 竹本固,固以树德,君子见其本,则思善建不拔者……竹节贞,贞以立志,君子见其节……"显然,这里借用竹节来形容君子。

(8)梧桐(Chinese parasol tree)。在汉语中,梧桐代表"孤独、寂寞"。例如,王昌龄的《长信秋词》中写道:"金井梧桐秋叶黄,珠帘不卷夜来霜。"写的是一名少女被剥夺了自由、青春,在凄凉的深宫之中,独自听宫漏的场景。 显然,这一气氛是很悲凉寂寞的。

(9)茱萸(cornel)。在汉语中,茱萸的寓意是非常独特的,其是重阳时节的植物,每逢九月初九重阳节这一天,人们会将茱萸插在头上或者佩戴茱萸囊,目的是避凶。著名的诗句有王维的《九月九日忆山东兄弟》:"遥知兄弟登高处,遍插茱萸少一人。"写尽了对家人的相思之情,也表达了自己在他乡的抑郁情感。

二、英汉植物文化翻译

(一)意译法

一般情况下,为了考虑读者的接受程度,往往需要保留原文的风味。因为如果采用直译手法,会导致读者无法理解。 此时,译者需要考虑原文与译文的文化差异,翻译时选择与目的语接近的词语,将原文的意义表达出来。例如:

苦如黄连 as bitter as wormwood

如果将其翻译为 as bitter as coptis,会让目的语读者感到奇怪,也很难理解深刻,翻译为 as bitter as wormwood 更为恰当。

The idea that such a tomato might be involved in murder was terrible.

这么一位漂亮的女人竟然会卷入谋杀案件中，真是可怕。

如果将 tomato 翻译为"西红柿"，将上述句子译为"这么一个西红柿竟然卷入谋杀案中，真是可怕。"会让人贻笑大方，而且目的语读者也不会理解。

（二）直译法

一些植物词汇在英汉语中的联想意义基本相同或者相似，这时候采用直译的手法进行翻译，能够将原文的形象保留下来。例如：

sour grapes 酸葡萄

a stick and carrot policy 大棒加胡萝卜政策

hold out the olive branch 抛出橄榄枝

（三）直译加注法

对于很多读者来说，他们对其他民族的文化并不了解，仅仅采用直译法可能会造成阅读和理解负担。因此，译者除了采用直译法进行翻译，可能还需要添加对应的注释，这样更便于读者理解和接受。例如：

as like as two peas in pot 锅里的两粒豆（一模一样）

A rolling stone gathers no moss. 滚石不生苔（改行不聚财）

（四）套译法

有些植物字面意义相同、内涵不同，而有些植物字面意义不同、内涵相同，对于这类植物的翻译，译者应该注重其内涵，分析英汉植物文化的差异，从而对译入语的表达形式进行调整。例如：

as red as a rose 艳若桃李

come out smelling of roses 出淤泥而不染

第八章　文化传播视角下英汉社交礼仪的差异及其翻译

　　当来自不同文化的人进行交流时,不可避免会遇到各种语言或文化上的障碍,从而可能会导致跨文化交际冲突。避免文化传播受到阻碍,就有必要深刻认识英汉社交礼仪的差异。本章就从称谓语、委婉语和禁忌语三个方面来论述英汉社交礼仪的差异及翻译。

第一节　英汉称谓语文化差异及其翻译

一、英汉称谓语文化差异

　　称呼拉开了言语交际的序幕,交际者在进行言语交际之前总是要先称呼对方。称呼包括亲属称呼和社会称呼。称呼的恰当与否,关系到言语交际是否能顺利进行。不恰当的称呼可能会导致交际双方之间关系的恶化,甚至交际的中断。具体来讲,在选择称呼的时候,要参照对方的年龄、辈分、身份、交际双方的关系以及交际的具体场合等因素。

(一)英汉亲属称谓语文化差异

　　各个民族都具有表示家庭成员关系的亲属称谓系统。亲属称谓指的是以本人为中心确定亲族成员和本人关系的名称。中西方亲属称谓差异表现在以下几个方面。

　　第一,西方文化不太重视宗亲关系,倾向于使用自然亲切的称呼;而中国传统文化是一种宗族文化,根据辈分来选择合适的亲属称谓语。

第二,西方文化对宗亲关系的轻视在亲属称谓语方面的另一个体现,就是西方亲属称谓语没有严格的划分;中国传统文化对宗亲关系的重视在亲属称谓语方面的另一个体现,就是汉语的亲属称谓有着复杂而详细的分类。例如,英语中的 brother 可表示哥哥和弟弟,sister 可表示姐姐和妹妹;而汉语中对同胞兄弟姐妹的称谓,是各不相同的。

第三,汉语中对不同性别的亲属,分别给予不同的称谓;英语亲属称谓语无此特点。例如,英语只用 cousin 一个单词就代表表哥、表弟、表姐、表妹、堂兄、堂弟等亲属称谓,而汉语就对性别进行了区分。

汉语和英语的亲属称谓语如表 8-1 所示。

表 8-1　汉语和英语的亲属称谓语

		汉语	英语
一层亲属	配偶关系	丈夫 妻子	husband wife
	生育关系	父亲 儿子 母亲 女儿	father son mother daughter
	同胞关系	哥哥 弟弟 姐姐 妹妹	brother sister
二层亲属	直系亲属	祖父 外祖父 祖母 外祖母 孙子 外孙 孙女 外孙女	grandfather grandmother grandson granddaughter
	旁系血亲	伯父 叔叔 姑父 舅舅 姨夫 伯母 婶婶 姑姑 舅妈 姨 侄子 外甥 侄女 外甥女	uncle aunt nephew niece

续表

		汉语	英语
二层亲属	姻亲亲属	岳父 公公	father-in-law
		岳母 婆婆	mother-in-law
		女婿	son-in-law
		儿媳妇	daughter-in-law
		姐夫 妹夫 大伯子 小叔子	brother-in-law
		嫂子 弟妹 大姑子 大姨子	sister-in-law
三层亲属		堂兄 堂弟 堂姐 堂妹 表哥 表弟 表姐 表妹	cousin

(资料来源:白靖宇,2010)

(二)英汉社会称谓语文化差异

西方的社会称谓一般有三种方式:直接称呼名字;头衔＋姓氏;以职位来称呼。第一,直接称呼名字的方式最常见,通常适应于关系较近的交际者之间或者非正式的交际场合中。无论是父母和孩子之间,还是老师和学生之间,都可以直接称呼名字。第二,"头衔＋姓氏"这种称呼方式用于较正式的交际场合。像 Mr.(男士),Ms.(婚姻状况不明的女士),Miss(未婚女士)等一类的词语都属于头衔。女士一般比较青睐于"Ms.＋姓"这一称谓方式,因为婚姻状况在西方文化中作为一种隐私不经常在公共场合被公开。第三,以职务或职称来称呼的方式并不多见,如 Professor,Doctor,Captain,General 等。职业是一种社会地位的象征,对于那些社会地位较低的职业,往往不适合直接用来称呼,显得不太礼貌和尊重,如 Waiter,Conductor 等。Sir 和 Lady 可以作为称谓单独使用,也可以和姓名一起使用,需要注意的是 Sir 后加名,Lady 后加姓,用于较正式的场合。

中国传统文化深受儒家文化的影响,儒家文化是一种讲究仁、爱的文化。这种文化在社会称谓方面的体现就是,中国人将称呼看作拉近心理距离、营造尊重和仁爱氛围的一种手段,因此常用接近于亲属称谓的方式来称呼那些与自己没有亲属关系的人,也叫作拟长辈称呼和拟兄弟姐妹称呼。在这些称呼中,核心词是亲属称谓词。父母作为直系血亲,是亲属关系中与自己最亲密的一种关系。基于此,中国人把那些与父母同辈的长辈称为大伯、大妈等。同胞手足在同辈的亲属关系中是最为亲密的,所以中国人为了拉近彼此的感情距离,往往称呼同辈成年男子为大哥、兄弟,称呼同辈成年女子为姐姐、妹妹等。另外,最近几年,社会上流行"哥儿们"和"姐儿们"之类的叫法,这些往往是因为交际目的的需要而产生的。

二、英汉称谓语文化翻译

根据上述分析可知,英汉亲属称谓、社交称谓文化有很多差异,翻译时需要首先了解这些差异,然后选择合适的方法。

(一)英汉亲属称谓语文化翻译

英汉亲属称谓翻译主要可以采取对等法、加注法、变通法。

1.对等法

通过对英汉亲属文化对比可知,在不同语言的称谓文化中,存在着语义等同或类似甚至交际价值相同的亲属称谓语。对这类亲属称谓语进行翻译时,可以使用对等法。例如:

mom 妈

dad 爸

son 儿子

grandson 孙儿

2.加注法

对于一些源语中独有的称谓表达,如果直译,很可能会让人产生误解,为了便于理解,可以在直译的基础上添加注释。例如:

外甥 nephew(sister's son)

侄子 nephew(brother's son)

3.变通法

汉语中的一些称谓,如妯娌、亲家、婆家、连襟等,在英语中找不到与之完全对应的称谓表达,对这些汉语称谓语进行翻译时,可灵活处理,使用变通法来译。例如:

她本想早给小芹找个婆家推出门去,……

She has long intended to find a husband for Little Qin and thus get rid of her.

译者在对"婆家"一词进行翻译时,采取了变通法,将其译为to find a husband。

(二)英汉社会称谓语文化翻译

英汉社会称谓文化翻译通常可以采取对等法、改写法、等效法。

1.对等法

英汉两种语言中有些社交称谓是一一对等的,翻译时就可以采用对等法,直接使用对等词语。例如:

Ms. Duvall 杜法儿女士

Madam Gorski 葛丝基夫人

胡先生 Mr. Hu

赵教授 Professor Zhao

2.改写法

英汉社交称谓存在很大的差异,有时两者并不完全对应,翻译时可以对原社交称谓语做灵活的改写,使译文表达更流畅,以使读者理解原文的真实含义。例如:

刘东方的妹妹是汪处厚的拜门学生,也不时到师母家来谈谈。

（钱钟书《围城》）

Liu Tung-fang's sister, a former students of Wang Ch'u-hou, also dropped in sometimes to see her, calling her "Teacher's wife."

（珍妮·凯利、茅国权 译）

汉语"师母"在英语中并没有与之对应的词语，根据上下文的内容可知，"师母"是老师的妻子。翻译时，译者将其译为Teacher's wife，不仅将原文含义准确地传递出来，而且再现了师母与学生之间的关系。

第二节　英汉委婉语文化差异及其翻译

一、英汉委婉语文化差异

（一）关于疾病的英汉委婉语文化差异

健康是每个人都向往的事物，无论是在中国还是在西方国家，人们都比较害怕疾病和死亡。

1. 关于疾病的英语委婉语

在英语中，人们总是通过一些委婉语来表达关于疾病的话题。例如：

（1）"得病"常常用"have (medical) condition, under the weather, uncomfortable, off color, out of shape 等来表示。

（2）"得重病"习惯用 have a terminal illness, in a bad way, have a trouble 等来表示。

（3）常用 Ca, the Big, the big C, a growth（赘生物）, long illness（久病）, terminally ill（晚期病）等替代 cancer（癌症）。

（4）常用 heart condition（心脏状况有异）替代 heart attack（心

脏病)。

（5）常用 Hansen's disease(汉氏病)替代 leprosy(麻风病)。

（6）常用 mentally ill/handicapped(精神上有问题),mentally disturbed(精神上受打扰),deranged(精神错乱)等替代 mad,crazy 或 insane(疯)。

（7）常用 irregularity(不规则)替代 constipation(便秘)。

（8）常用 blossom(花),beauty spot(美丽豆;美人斑)替代 pimple(丘疹)。

（9）常用 preventable disease(可以预防的疾病)替代 syphilis (梅毒),aids(艾滋病)等。

（10）常用 social disease(社会性疾病)替代 venereal disease (性病)。

请看下列用于句子中替代疾病方面禁忌语的婉转表达。

He has some kind of kidney problem that the doctors don't quite understand.

他患有某种肾脏病,连医生都莫名其妙。

He had an accident in the brain last week.

他上周中风了。

The mother of the kidnapped baby was temporarily mentally deranged by grief.

那个被拐婴儿的母亲悲伤得一时精神错乱。

2.关于疾病的汉语委婉语

中国人对疾病也是十分恐惧的,希望远离疾病,所以与疾病有关的词语都是禁忌语。为了顾及病患及家属的感受,一般会用婉转的表达代替疾病方面的禁忌语。在汉语中,古有"小恙、报恙、欠安"的说法,现在通常直接说"感冒、不舒服、需要调理、需要静养"等。当然,很多具体病症也是有能替代禁忌语的表达,如表达受伤时用"挂彩",表达肺结核时用"怯症",表达腹泻时用"河鱼",表达疟疾时用"打摆子",表达性病时用"花柳病"等。

（二）关于死亡的英汉委婉语文化差异

1. 关于死亡的英语委婉语

在英语中，表示"死亡"的委婉语十分丰富。

（1）用一个单词表示死亡。例如：

die,dead,death,decrease,depart,hang

（2）用两个单词表示死亡。例如：

be low

cease respiration

check out

fall asleep

go up

go west

kick in

kick off

pass away

suffer death

（3）用三个单词表示死亡。例如：

be gone forever

be no more

catch one's death

cease to exist

end one's day

go to glory

lay to rest

meet one's death

rest in peace

slide into oblivion

（4）用四个或四个以上单词表示死亡。例如：

answer the last call

breath one's last breath

depart to the world of shadows

emit one's last breath

give up one's life

give up the ghost

kick up one's heels

lay down one's life

pay the debt of nature

return to the dust

2. 关于死亡的汉语委婉语

汉语中也有很多关于"死亡"的婉转表达。

(1)用一个字表达死亡。例如：

毙、逝、卒、亡、崩、陨

(2)用两个字表达死亡。例如：

长眠

闭眼

大故

归西

鹤化

去世

升天

故世

圆寂

作古

归寂

送命

亡故

谢世

夭折

永眠

仙逝

仙游

（3）用三个字表达死亡。例如：

睡着了

上西天

山陵崩

（4）用四个字表达死亡。例如：

溘然长逝

寿终正寝

驾鹤西游

马革裹尸

百年之后

一命呜呼

舍生取义

香消玉殒

（三）关于衰老的英汉委婉语文化差异

在中西方文化中，对"老"这个字的认识存在着较大的差异。

1.关于衰老的英语委婉语

在西方文化中，"老"代表"无能、不中用"等含义，尤其是老年人和女性都不愿意别人提及自己的年龄，因此人们在表达 old 时，一般用委婉语来表示。例如：

be getting on years 年岁增长

elderly people 年龄较大的人

feel one's age 感觉上了年纪

getting on(in years) 上了年纪

golden years 金色年华

grey-headed people 灰头发的人

in sunset years 进入暮年

mature people 成熟的人

past one's prime 已过壮年

reach one's golden age 进入黄金年华

seasoned men 有丰富经验的人

seasoned people 老练的人

second childhood 第二少年期

senior citizens 资深公民

well-preserved people 保养得好的人

My father is getting elderly now and can't walk very fast.

我父亲年事渐高，走不快了。

2.关于衰老的汉语委婉语

但是，中国人对"老"的认识大不相同，这源于中国传统文化中尊老爱幼的文化因子。"老"通常表示"尊重、敬畏、有经验"的含义，因此大多数和"老"相关的都是褒义词，如老骥伏枥、老马识途、老有所成、老当益壮等，并且有些昵称也有"老"字，如老爸、老妈、老寿星、老两口。长寿之人通常被大家尊重，被视为后代的福气。当然，和"老"有关的词语也有贬义的，如风烛残年、老弱病残等，但数量较少。"老"有时还与资历、地位有关，如老校长、老朋友、老搭档、老总、老师傅、老李等。

（四）关于数字的英汉委婉语文化差异

中西方对数字有着不同的偏好和禁忌。例如，西方人不喜欢"13"，并且竭力避免这个数字。

中国人或许因为谐音，避讳说"4"（死）。因此，在选择一些号码时，会尽量避开"4"。

（五）关于身体的英汉委婉语文化差异

与身体有关的委婉语就是对于长相丑陋、身材肥胖或生理有缺陷的委婉表达。

在英语中,ugly 是一个禁忌语,一般要用 plain(平常)和 homely(不好看)来替代;skinny 也是一个禁忌语,其不可以直接用于形容女性纤瘦,而要用 slim 来代替,因为 skinny 带有皮包骨头不健康的意思。需要指出的是,随着社会的发展和文明程度的提高,出现了大量用于残障人士的委婉语,其一方面体现了社会的人文关怀,另一方面避免了对生理有缺陷的人的心理伤害。例如:

visually retarded 视力有障碍

hard of hearing 听觉困难的

auditory-impaired 听觉损伤的

defective hearing 听力有缺陷的

physically inconvenience 行动不便的

physical handicapped,physically inconvenienced 生理上有障碍的

Mr. Smith has a disability and a pension from the government.

史密斯先生有残疾,领有一份政府发给的抚恤金。

Guide dogs were first trained after World War I when many soldiers returned home sightless.

一战之后许多士兵由于失去视力而返回家园,这时候开始了对导盲犬的训练。

另外,为了避免一些生理现象带来尴尬,要适时选用婉转的表达。

(1)可以替代 fart(放屁)的表达。例如:

make a noise(弄点响声)

wind from behind(从后面来的风)

let a breeze(来一阵微风)

pass wind/air(排气)

(2)可以替代 urinate(小便)的表达。例如:

make water(造水)

pass water(排水)

do number one(一号)

answer the call of nature(自然需要)

caught short(被搞得措手不及)

ease/relieve oneself(使自己舒适一下)

get some fresh air(去呼吸点新鲜空气)

(3)对于"排泄",英语称为 pass water,go to the bathroom,wash one's hands,go to stool 等。

(4)对于女性来月经,英语称为"I'm having my friend with me""I'm a woman for a week""I'm getting my periods"等。

在汉语中,"排泄"的委婉语包括"去方便、上厕所、去一号、起夜、解手、如厕"等。人们还将马桶称为"净桶"或"恭桶",将厕所称作"卫生间""洗手间"或"更衣室"等。对于女性来月经,汉语称为"来事儿、例假、不舒服、来大姨妈"等。

二、英汉委婉语文化翻译

在委婉语翻译过程中,不仅要考虑不同语言之间的同一性和异质性,还要注意源语与译语的文化特点,并在这些因素的基础上选择适当的翻译方法。

(一)直译法

当英语委婉语和汉语委婉语在形式和内涵上非常相似时,就可以用委婉语来翻译委婉语,也就是直译。这不仅能保留源语的形式特色,还能再现源语的文化内涵。例如:

He laid down several enemies.

他撂倒了几个敌人。

在上述例子中,lay down 的真实含义是"杀死",而按照字面意思翻译就是"撂倒",这在汉语中也是"杀死"的委婉语,可见这一委婉语在英汉语中有着相同的字面意思和真实意义,因此可以采用直译法进行翻译。

(二)意译法

由于文化渊源的巨大差异,英语委婉语很难在汉语中找到对应的委婉语,也就是存在委婉语的空缺。在这种情况下,为了使目的语读者最大程度地理解源语,翻译一般选择向目的语靠拢,用目的语的表达方式或形式来再现源语的内涵和意译,也就是意译。例如:

We will have oil the Mayor to get the permit.

我们得贿赂市长,以便获得允许。

在上例中,oil the Mayor 作为一种委婉语,其字面意义是"给市长上油",真实意义是"贿赂市长"。如果按照字面意思直译,可能会让目的语读者感到荒诞滑稽,因此应采用意译法。

第三节 英汉禁忌语文化差异及其翻译

一、英汉禁忌语文化差异

问候作为对交际对方的一种关怀的话语,起着维系人际关系的作用。但是,在不同的文化环境中,人们问候的方式和内容是不同的。尽管双方在使用问候语的时候都遵循了礼貌原则,但如果双方碰面时都潜意识地使用自己的语用习惯跟对方打招呼,与此同时又缺乏对对方国家传统文化的深入了解,就很有可能引起误会。

在西方国家,很多问话会被认为是对他们隐私的一种干涉和侵犯。西方人特别注重个人隐私,年龄、收入、体重、婚姻、政治倾向等都属于个人隐私,西方人不希望他人过问这些,更不愿他人干涉,他们会认为问这些问题是想探讨他们的隐私,从而产生误解。

在中国,人们将问候视为开启一段交际关系或者营造良好感情氛围的手段,比较注重的是问候的方式,不太注重问候的内容。中国人在交谈时会很自然地问道"你一个月赚多少钱?""你家那位是干什么的?""你这件衣服多少钱买的?"等。通过这些问题表达对朋友的关心,从而拉近关系。如果人们被问到"你去哪儿啊?"或者"你干嘛去?"都会被当作一种出于关心的问候,很少会出现误解的情况。

汉民族文化下,人们认为,涉及死亡、疾病、性爱、生理之类的事物尽管在生活中经常遇到,但是难以启齿。因而忌讳直接说出,转而采用委婉的表达。

二、英汉禁忌语文化翻译

(一)直译法

英汉禁忌语在某些方面存在一定的共性,翻译时就可以保留源语的禁忌形象,这样不但能保持生动性与原汁原味,而且能丰富译语语言,便于译语读者感受源语的意境。例如:

idiot 傻瓜

moron 笨蛋

go away 滚开

shut up 闭嘴

to go west 归西(天)

to go to one's last home 回老家

to expire 逝世

to give up the ghost 见阎王

to return to dust 入土

The old man lay taking his rest after a life of bitter hardship.

这位老人辛辛苦苦一辈子,现在安息了。

物换星移,皇位更替。景帝驾崩之后,武帝刘彻即位。

(徐飞《凤求凰》)

With the passage of time, even the stars change their courses. And even emperors pass away. Emperor was succeeded by Liu Che, who reigned as Emperor Wu.

(Paul White 译)

(二)意译法

由于历史背景、习俗观念以及语言文化等因素,源语中的禁忌语与目的语中的禁忌语在内容、形式上都存在巨大差异,此时译者就要放弃对原文表达形式的保留而采用意译法。例如：

bastard 该死

bugger 天呀

hole 臭嘴

slut 淫妇

An old white pimp named Tony Roland was known to handle the best-looking working girls in New York.

一个名叫托尼·罗兰的白人老淫媒，据说手里掌握着纽约市最美貌的窑姐。

且说宝玉次日起来，梳洗完毕，早有小厮们传话进来说："老爷叫二爷说话。"

（曹雪芹《红楼梦》）

The next morning when Baoyu had finished his toilet, his pages announced that the master wanted him.

（杨宪益、戴乃迭 译）

第九章 文化传播视角下英汉其他 方面的差异及其翻译

数字、颜色、服饰、饮食和居住都是与人们的生活息息相关的事物。在中西不同的文化语境中，这些事物携带着不同的文化意义。从文化传播的角度来讲，要全面了解英汉文化，就有必要对上述事物的文化差异及翻译进行分析。

第一节 英汉数字文化差异及其翻译

一、英汉数字文化差异

（一）one 与"一"

有些数字在英语和汉语中有着相同的文化意义，如"一"与one。无论是在汉语中还是在英语中，数字"一"都是所有数字的第一个，被称为"万数之首"。正因如此，汉语中的"一"与英语中的one具有很多相同或相似的文化内涵，具体包括以下几个方面。

第一，都表示数字的开始和万物的本源。例如，中国的老子在《道德经》中说道："一生二，二生三，三生万物。"老子认为，一切事物中都含有"一"的成分和性质。西方毕达哥拉斯学派也试图用数来解释一切，认为万物的本源是one。

第二，都表示"同一""统一""一致"。例如，汉语中有"天人合一"

"万众一心"等说法。英语中也有很多表示相似含义的说法。例如：

at one 完全一致

as one 一齐、一致

one and the same 同一个

第三，都用来表示"少"。例如，汉语中有"一针一线""一目十行""一叶知秋"等说法。英语中也有类似的说法。例如：

One swallow doesn't make a summer.

一只燕子形不成夏天。

英语中的 one 和汉语中的数字"一"也并非完全相同。

受西方文化的影响，one 具有"完整、专一"的象征意义。人们普遍认为，如果某个人是在 1 号出生，那么这个人就会天生具有独特的思维、敏锐的鉴别力和坚强的性格。

在汉语中，"一"可以跟其他词搭配而产生新意，这时它就无法与英语的 one 相对应了。例如：

一旦 once

从一开始 from the very first

（二）two 与"二"

1. 英语文化中的 two

英语中的 two 既有积极含义也有消极含义。

首先，在英语文化中，two 代表着人与神的结合。例如：

Two's company, three's none.

两人结伴，三人不欢。

其次，英语中的 die 表示"死亡"，而 dice 是 die（骰子）的复数，因此 two 有着一种不祥的含义。例如，毕达哥斯拉将"2"视为"不和、无序、变异、邪恶"的代名词；古罗马人将 2 月份定为祭献冥王的月份，将 2 月 2 作为祭献亡灵之日。

此外，由于两美元的钞票很容易让人联想到纸牌中的"2"或"deuce"（厄运），因此美国人常把两美元的钞票撕掉一角，期望以此来摆脱厄运。

2.汉语文化中的"二"

在我国古代神话中,盘古开天辟地,将原始混沌一分为二,阳清为天,阴浊为地。在这种二元哲学观思想的影响下,中国自古以来就崇尚偶数,以偶为美、以双为吉,可见在中国传统文化中,"二"是很受人们欢迎的数字。

具体来说,中国人在给孩子起名字时喜欢使用"双"或"对"。汉语中很多与"二""双""两"有关的成语也都寓意着吉利和美好,如"二龙戏珠""两全其美"。

此外,人们在传统佳节互赠礼物时往往送双份礼来表示对亲朋好友的诚挚祝福,中国的诗歌、春联和修辞都非常看重对仗、对偶、对称,中国建筑的布局讲究对称,这些无不体现出汉民族对偶数的情有独钟(殷莉、韩晓玲,2007)。

当然,在中国传统文化中,"二"也有一定的负面含义。例如,说某人"真二",意思就是"傻""不靠谱"。

(三)three 与"三"

1.英语文化中的 three

在英语文化中,three 这一数字备受尊重,并且文化内涵十分丰富,毕达哥拉斯认为 three 是个完美的数字,表达"起始、中间和结果"之意。在英国,很多大学的学院被命名为"三一学院"(Trinity College)。总体来看,西方人十分喜欢 three,认为一切好事成于三。例如:

Number three is always fortunate.

三号运气一定好。

2.汉语文化中的"三"

在中国传统文化中,数字"三"有着丰富的文化内涵。从数字本身来看,"三"是奇数,也是阳数。中国古人认为,宇宙是由"三维"所构成的,因此在汉语中,有很多带有"三"的说法,如祭祀有"三牲"(牛、羊、猪),礼教中有"三纲"(君为臣纲、父为子纲、夫为妻纲),军中有"三军"(古为上、中、下三军)等。可见,在古代,人们视"三"为一个吉祥之数。在现代,人们通常认为"三"为满,如过去、现在、未来;开始、进行、结束等。

(四)four 与"四"

1.英语文化中的 four

在英语文化中,four 主要有以下两个方面的文化内涵。

(1)象征厄运。西方人在结婚的时候都尽量避开周四,他们认为周四结婚不吉利,会带来厄运。

(2)代表不体面、猥亵。例如:

the fourth 第四(卫生间的隐晦说法)

four-lettered words 四字词组(指脏话)

2.汉语文化中的"四"

在汉语文化中,"四"有着褒贬两种截然不同的文化内涵,此外还有中性含义。

首先,"四"这一数字被认为是表示吉祥的"玄数"。"四"在中国古代是一个整体且完整的概念,因此由"四"及其倍数"八"构成的习语多表示圆满、完美、通达以及广阔等意,如"四海升平""四平八稳""四停八当""语惊四座"。

其次,由于"四"与"死"读音相同,因此又被人们所厌恶,人们在日常生活中尽量避开"四"这一数字。尤其当与"三"连用时,大多表示贬义,如"横三竖四""不三不四"。

最后,"四"在汉语中作为一种概括性数字存在。例如,饭菜中有"四喜丸子",中药中有"四君子汤"。

（五）five 与"五"

1. 英语文化中的 five

英语中关于数字 five 的习语很少,西方人认为 five 是个不吉祥的数字。英语中 five 的构词能力远不及其他数字那么强。但是,英语中与 five 有关的星期,即 Friday 在英语中有很多用法和意义。例如:

Man Friday 男忠仆

Friday face 神色不佳之人

Girl Friday 得力助手(尤指女秘书)

Pal Friday 极受信赖的女秘书

2. 汉语文化中的"五"

在中国传统文化中,"五"是一个富有神秘色彩的数字,具有深远影响。"五"位于"一"至"九"的数字中的正中间,因而《易经》中称之为"得中",符合中华民族所提倡的中庸之道。所以,"五"这一数字象征着和谐。汉语中有很多与此相关的表达。例如:

五味:酸、甜、苦、辣、咸

五官:耳、眉、眼、鼻、口

五脏:心、肝、脾、肺、肾

五谷:黍、稷、麦、菽、稻

此外,"五"常与其他数字并用,如"三五成群""五湖四海""五花八门"等。

（六）six 与"六"

1. 英语文化中的 six

与"六"在汉语文化中的地位相反,在英语文化中,six 一般被视为不详之数,人们往往避之不及,与 six 相关的说法大都含有贬义。例如：

six of best 一顿毒打

hit for six 彻底打败，完全击败

2.汉语文化中的"六"

在汉语文化中，"六"可以说是一个颇受欢迎的数字，象征着吉祥、平安、顺利等，与"六"相关的说法几乎都有明显的褒义含义，如"六六大顺""六六双全""六合之内""六和同风"等。人们在挑选数字或号码的时候，也通常会将数字"六"作为首选。

此外，汉语中的"六"可用于概括性列举。例如：

六神：日、月、雷、风、山、泽

六行：孝、友、睦、姻、任、恤

六畜：牛、羊、马、鸡、狗、猪

六亲：父、母、兄、弟、妻、子

二、英汉数字文化翻译

（一）直译法

在英汉数字翻译中，直译法是最简单、最省力的方法，即保留原文中的数字直接进行翻译。例如：

One day apart seems three autumns passed.

一日不见如隔三秋。

（二）省略法

采取省略法翻译数字就是将原文中的一些数字省略不翻译，以符合目的语的语言表达习惯。例如：

A small man, a big mind.

小个子，大才智。

一目十行 read rapidly

（三）增词法

在实际的翻译过程中，有时可以在译文中增加一些数字，从而使译文表达更为形象、生动。例如：①

Enough, enough, my little lad！Such tears become thin eye.

童子无复道！泪注盈千万。

有了他们的帮助，我很快就解决了这个问题，还是人多智广啊。

Because of their help I soon solve the problem. That's two heads are better than one.

第二节　英汉色彩文化差异及其翻译

颜色代表着一种审美信息，人们赋予它一定的象征意义。在中西文化中，颜色代表的含义不尽相同。

一、英汉颜色文化差异

（一）red 与"红"

1. 英语文化中的 red

在英语中，red 主要有以下几种含义。

（1）代表流血、暴力、危险。在西方人心目中，红色是鲜血的颜色，由于西方人视鲜血为"生命之液"，一旦鲜血流淌出来，就意味着生命的凋零，因此西方人常将红色与流血、暴力、恐怖等联系在一起。例如：

---

① 陈雪芬.英汉数字的文化差异及翻译方法[J].文教资料,2007,(5):185.

a red battle 血战

red alert 空袭报警

（2）代表赤字、亏空、负债。西方人在记账或结算财政收支时，为了达到醒目的目的，习惯用红笔登记净收入为负数的损益表，因此 red 也就有了亏空、负债等引申含义。例如：

red ink 赤字

in the red 亏本

（3）表示欢迎、庆祝。除了贬义含义，red 在西方文化中也有褒义含义，甚至具有尊贵的象征意义。例如，在迎宾礼中迎接其他国家的首脑时，西方国家常在地上铺上红毯，以象征对方的尊贵和表示欢迎与敬意。例如：

red-letter day 喜庆日子

pain the town red 狂欢畅饮

roll the red carpet for sb. 隆重欢迎某人

2. 汉语文化中的"红"

红色在中国是备受欢迎的颜色，是当之无愧的中国色。中国人喜爱红色一方面是因为红色本身的鲜艳和亮丽，另一方面是因为红色有着深层的象征含义和文化内涵。

（1）象征吉祥、喜庆。红色是太阳的颜色，而太阳给予人类温暖和生机。因此，中国人喜欢用红色来象征幸福、吉祥和喜庆，常在重大或特殊的节日用红色来装点以增添喜庆的气氛。

（2）象征顺利和成功。红色是火的颜色，而火常使人联想到红红火火、蒸蒸日上，因此红色就有了"顺利、成功"的象征意义。例如：

一炮走红：演员迅速走红

满堂红：各方面都取得好成绩或到处都很兴旺

开门红：在一年开始或一项工作开始时就获得显著的成绩

分红：分享红利

（3）象征革命。由于红色是血与火的色彩，因此红色还用来代表革命,这体现了红色的政治色彩,如"红军""红色政权"。

(4)象征美貌、健康。红色可以代表美貌,多指女性,如古代汉语中称年轻美貌的女子为"红颜""红袖"。

(5)象征羡慕、嫉妒。除具有上述褒义含义,红色也有贬义含义,象征羡慕、嫉妒。例如,"眼红""红眼病"就表示羡慕、嫉妒,是指看到别人的好东西或者看到别人获利时就非常羡慕或者嫉妒,甚至想占为己有。

(二)black 与"黑"

1.英语文化中的 black

英语《朗文当代高级词典》(*Longman Dictionary of Contemporary English*)中将 black 定义为:夜晚或煤炭的色彩(the dark color of night or coal)。

与汉语中的"黑"相比,英语中的 black 有其自身独特的内涵。black 在西方人的眼中是一种禁忌颜色,与此相关的表达大多含有贬义。例如:

the future looked black 前景暗淡

black sheep 败家子

black in the face 脸色铁青

此外,与英语中的 red 代表赤字相反,西方人习惯用黑色字体来标注盈利的数字,因此 black 还有盈利的意思。例如,in the black 就表示"盈利、有结余"。

2.汉语文化中的"黑"

对于"黑",《说文解字》中是这样定义的:"黑,火所熏之色也。"《辞海》也对其进行注释,将其解释为煤炭一般的颜色。

在中国古代,黑色是尊贵的代表,也是铁面无私、阳刚正义的化身,这里的黑色具有褒义含义。此外,在戏剧脸谱中,黑色象征着憨直与刚正不阿,如包拯、李逵的形象。

由于黑色本身有黑暗的意思,因此在日常生活中,人们往往将黑色与黑夜联系起来,并且会表现出无助与恐怖。

(三)yellow 与"黄"

1.英语文化中的 yellow

在英语文化中,yellow 的含义含有贬义色彩,常用来表示胆怯的、卑鄙的、靠不住的、妒忌的、(报刊等)采用耸人听闻手法的/作低级渲染的等。例如:

yellow alert 空袭、预备警报

yellow looks 可怕的脸色,诧异的眼神

yellow dog 卑鄙的人

yellow-livered 胆小的

2.汉语文化中的"黄"

在中国历史上,黄色被视作神圣、正统的颜色,其文化内涵大致有以下几种。

(1)代表尊贵、皇权。在我国古代,土地是人们的主要生活依靠,而土地的颜色就是黄色,因此黄色备受人们尊崇。例如,汉语中有"黄土地"等说法。在历史上,黄色还是帝王的专属色彩,有"黄袍""黄榜"等说法。

(2)代表稚嫩、幼稚。例如,"黄口小儿""黄童白叟""黄毛丫头"等。

(3)代表色情淫乱。这种意义源自美国的《黄色孩童》(*The Yellow Kid*),其中涉及了很多低级趣味的内容。进入中国后,人们将这些新闻称为"黄色新闻",此后黄色就被赋予色情淫乱等含义,随之很多与之相关的词语应运而生。例如,"黄色电影""黄色书刊""扫黄""黄色小说"等。实际上,英语中的 yellow 本身并不表达"色情"的含义,英语中真正表示色情含义的色彩词是 blue。

二、英汉颜色文化翻译

(一)直译法

英汉语言中很多颜色词有着相同的特征,这些颜色词在形式上完全地对等,此时就可以采取直译法。例如:

black humour 黑色幽默

green card 绿卡

red rose 红玫瑰

black list 黑名单

white flag 白旗

white-collar workers 白领阶层

红十字 redcross

红旗 red flag

The boy flushed red with shame.

这个男孩羞红了脸。

(二)增译法

在翻译过程中,有时原文中虽然没有直接使用颜色词,但是可以根据译文的表达需要以及原文意义,适当增补颜色词。例如:

infrared rays 红外线

重要的日子/节日 red-letter day

血战 red battle

(三)意译法

有时候,英汉语中的一部分颜色词无法进行直译,也无法替换颜色词进行翻译,此时可以去掉颜色词进行意译,以便更准确地表达本意。例如:

白面（儿）heroin/cocaine

a black look 怒目

第三节 英汉服饰文化差异及其翻译

服饰是人类独特的劳动成果，其不仅是物质产品发展的巨大成果，还蕴含着丰富的精神文明。英汉服饰文化存在着明显的差异，这与英汉民族的哲学观、审美观等有着密切的关系。经过数千年的积淀，英汉服饰文化形成了自身独特的体系和风貌。为此，本节就对英汉服饰文化差异及其翻译展开分析。

一、英汉服饰文化差异

（一）服饰颜色差异

从某种意义上说，一个民族对颜色的选择与喜好是这个民族潜在性格的体现。中西方在服饰颜色选择与喜好上存在明显的差异。

1.西方崇尚白色与紫色

在古罗马时期，西方人推崇白色与紫色。在西方人眼中，白色象征纯洁、高雅、正直、无邪。尤其是西方人结婚时，婚纱的颜色会选择白色。除了白色，紫色也是西方人崇尚的颜色，一般被西方贵族所钟爱。

2.中国崇尚黑色、黄色与红色

在上古时期，中国先人崇尚黑色，认为黑色是支配万物的天帝色彩。因此，夏商周时期，天子会选择黑色作为冕服。之后，随着封建集权制度的确立，人们将崇尚黑色转向崇尚黄色,认为黄色代表着尊贵。到了汉朝,汉文帝将龙袍制成黄色,之后各个皇帝都采用这一颜色。另外,黄帝是中华文明的开创者,因此"黄"这个颜色非常受重视,并且黄色与中国人的肤色相同,那么将黄色作为龙袍的颜色也是可以理解的了。在中国人眼中,黄色代表着权威、高贵、庄严等。

除了黑色与黄色,中国人对红色也情有独钟,红色象征喜庆、热情,因此中国人也喜欢穿红色的衣服,尤其是结婚时,新郎新娘的衣服也会选择红色,代表的是吉祥如意、红红火火。

(二)着装观念差异

在着装观念上,中西方也表现出明显的差异。中国的服饰蕴含着浓厚的礼仪道德色彩,因此比较端庄、传统与保守。相比之下,西方服饰主要推崇实用性,因此比较开放、随意,也容易发生变化。

1.西方的开放观念

西方人强调个性,对个性的推崇体现在服饰上就是夸大自然,强调人的第二特征。男士的服装要凸显胸、肩部的宽阔,也要凸显腿部的挺拔,这是男性风范的体现。女士的服装要注重隆胸与臀部的扩张,同时收紧腰身,这是女性人体魅力的体现。也就是说,西方人将自己看成世界的主宰,强调以自我为中心,在服饰上必然会彰显自我、凸显个性。

2.中国的保守观念

随着中国几千年的发展,在自我保守、稳定的情况下,儒家、道家理念相融合,成为中国古代哲学思想的主流。儒家以礼、德对服饰加以规范。道家认为,自然是人类最理想的状态,因此服饰也应该与自然相适应,展现人与自然的和谐相融。在服饰设计上,人们主张对人体加以遮盖,不能炫耀自我,不能过度地表现个体。另外,服装设计非常宽松,这样给人以无拘无束之感。

在中国传统家庭教育中,服装行为规范被认为是修身的一项内容,并对人们的着装生活产生了较大的影响。中国服装的遮体是严谨、一丝不苟的代表。中国人对服饰非常注重,首先并不是为了表现漂亮与舒服,而更多的是为了表现合乎礼仪,即不仅要合乎身份,还要合乎场合。在古代的服饰制度中,对服饰的适用人群、款式、面料等都做了明确的规定。在近代,中国国门被打开,引入了西方文化,受西方文化的影响,中国人接受了中山装,这类服装也具有西式男装的特点。当然,与西服相比,中山装更多呈现的是中国人的端庄与含蓄,也是封闭、保守的体现。

(三)审美基调差异

在设计审美观上,中西方也存在明显的差异。中国是逍遥的审美观,其中蕴含"气"的精神,而西方是荒诞的审美观。

1.西方的"荒诞"审美基调

在人们眼中,"荒诞"是一种与传统审美标准不符的形式表现。与中国的和谐相比,"荒诞"的出现是出乎人们意料的。更确切地来说,"荒诞"和"和谐"是相对立的。和谐是美的最佳形态,是人们对服饰的一种永恒的审美追求。那么,西方对服饰的荒诞追求是如何诞生的呢? 这主要源于两点:一是随着历史的发展,和谐逐渐过渡到荒诞;二是荒诞满足了西方审美追求向前发展的需要。具体来说,西方在对和谐进行追求的过程中,走入了山重水复的情境,这时需要一种新的表现形式的诞生,而荒诞恰好就是这样一种形式。

西方服饰的荒诞可以说从哥特时期就已经出现了,之后的文艺复兴、洛可可等风格的出现,也是荒诞审美的表现。但是,真正将荒诞视作一种美来呈现,还是在美学上的存在主义出现之后。荒诞是一种为了表现而表现的意识,其中加入了很多形式美的要素,完全置于形式表现的氛围中。

从 20 世纪 60 年代以来,男士对服饰风格的追求不再是阳刚与英挺，而是柔性与颓废。进入 20 世纪 70 年代，一种叛逆风格的"朋克风貌""海盗服"等应运而生，这也是对传统服饰风格的一种冲击。事实上，这些造型与款式都是荒诞意识的代表，也不经意地利用了视觉与错觉，进行了各种形式的创造，在荒诞中彰显一种可爱的味道。

20 世纪 80 年代，后现代主义风格将冲突、凌乱、反讽等作为主题，出现了文身风潮、颓废造型等。20 世纪 90 年代，受多元化与国际化的影响，服饰的荒诞风格也呈现了多元化。荒诞的风格也越来越成熟，并融入了各种形式的美。

总之，在近现代，西方的荒诞审美的出现是和谐的一种走向，这种风格是这一时代的代表与潮流。现如今，这种形式并未被废弃，而是不断出现了各种创新的形式。

2. 中国的"逍遥"审美基调

人们眼中的"逍遥"是一种自由的概念，就庄子的理念来说，"逍遥"影响了中国的审美观。

在中国古代的服饰中，"逍遥"是"气"的自由表达与精神传达，服饰的逍遥美与中国的"气"是串联在一起的。在中国古代文化中，仁、义、礼、智是人的本性，而人与制度达到完全契合时就会形成一种"随心所欲"之感，即所谓的自由。

儒家思想认为，争是违背礼法的。道家也认为，人的美好是本性的美好，不需要外在来进行掩饰，只要保持内心的气、意、神的结合，就能够实现人与自然的合一。也正是这样的融合，才能达到一种超脱自然的逍遥姿态。因此，这种逍遥美就是中国服饰的审美基调，也是以后中国服饰的一种审美走向。

中国服饰有着宽大的袖子与衣襟，并灌注了"气"的精神，因此显得更为逍遥。中国历史上的唐装都体现了这一特点，也是大胆开放、逍遥之风的呈现。

对于中国近代服饰，虽然独创的风格很少，但是这种逍遥之风仍然渗透在人们的穿着与审美之中。

（四）重要服饰差异

说起中国服饰文化，人们必然会想到唐装与旗袍，一个象征雍容华贵，一个代表含蓄隽永。而对于西方服饰，除了西装就是中世纪欧洲的贵族服饰。实际上，无论是哪一种服饰都蕴含着丰富的民族文化底蕴。下面就对这四种服饰展开分析。

1. 西装与唐装

（1）西装。17 世纪，西装在欧洲诞生，至今已经成为男士出席各种场合的日常服装。西装备受欢迎，并且经久不衰，主要是因为其体现了端庄、整洁的特征，而且不论什么年龄的人都适合。西装之所以流行开来还有一个重要原因，就是西装有着丰富的文化底蕴。在路易十四时代，长衣到膝盖的"究斯特科尔"、比其略短的"贝斯特"、紧身合体的"克尤罗特"一起登上服饰界的舞台，并构成了西装的基本样式。一般而言，究斯特科尔前襟不扣起来，要扣扣子也扣腰围线上下部分，这就是现代的单排扣西装的前身。

西装的面料、色彩等与唐装存在差异，在面料上，古代欧洲往往选择亚麻布或半毛织物。在颜色上，古希腊人崇尚白色，古罗马人崇尚白色与紫色，因为在他们眼中，白色是纯洁的代表，紫色是高贵的代表。自欧洲文艺复兴以来，人们开始追求奢华，很多衣服配有明亮的颜色，如法国崇尚丁香色、天蓝色等，西班牙人崇尚银灰色等。

另外，西装的穿着与搭配非常考究。如果一位男士身材粗壮，一般会选择单排扣的西装，并且保证合身的尺寸，可以稍微选择小一些的西装，这样能够将胸部凸显出来。但是，为了遮掩腹部，一般要扣上纽扣，并且颜色也会选择深色的。在裤子的配饰上，这一类人往往不会选择皮带，而是选择背带，这样可以使裤子穿起来更为自然，也不会使裤腰滑落。衬衫选择尖长领的直条纹衬衫，配上领带，这样别人就不会注意到腰围。如果一位男士身材矮小,适合穿间隔不太大的深底细条纹西装,这样看起来更为高挑一些。上装的长度应该选择短一些的,这样会凸显腿部长一些,并配有直条纹尖领衬衫与颜色鲜艳的领带。选择的裤子应该是裤线不明显的,选择的鞋子应该高一些,这样能增加高度。如果一位男士身材高挑,选择的西装不适合用细条纹,这样会将身材的缺点凸显出来,应该选择格子图案的西装。上装颜色与裤子颜色应形成鲜明对比,避免穿整套的西装,最好选择双排扣与宽领的上衣,配有宽领衬衫与丝制宽领带,图案最好是三角形或者垂直的,这样可以使体型显得更为厚实。另外,裤子应有明显的折线,穿上宽皮带与厚底皮鞋,给人一种敦厚之感。

(2)唐装。唐装是中国服饰一个好听且固定的名字。有人将唐装界定为唐朝服装,但是很多专家学者认为,唐装并不是唐朝的服装。在我国历史上,唐朝是最兴旺强大的王朝,在世界上有着巨大的影响,因此古今海外都称呼中国人为"唐人",将具有中国古代特色的服装称为"唐装"。但是现如今,"唐装"仅仅是一个泛化的称呼,代表的是中国所有的传统特色服装,因此不仅仅是"唐朝服装"。

唐装是与西装有明显区别的,潮人一般将唐装称为"本地衫裤"。衫分为两类:开胸衫与大衫。而裤是将左右两个比较宽大的褶皱缝起来,与裤裆相接,再在裤子的褶皱上附上半尺高左右的较薄的裤头。开胸衫为平裾,胸前为平分均开,领子有七个纽扣,小孩的为五个,从领子下到衣角会均匀缝上几个纽扣。一般,开胸衫为男士的衣服。大衫是在领子下斜襟到右边腋下部分为开口处,然后一直垂直到腰部。纽扣也是从领部到腰部均匀缝制,一般也包含七个纽扣。大衫为女士的衣服,她们除了穿内衣,大衫就是她们的外衣。当然,一些有钱阶层的男士或者教书先生也会选择大衫。

唐装习惯用图案来代表吉祥,有的配有飞禽走兽,有的配有四季花卉,有的配有几何纹样,这些有的彰显抽象,有的彰显夸张,不过都是为了抒发情感与彰显图案的寓意。

2.西式长裙与旗袍

（1）西式长裙。西式的长裙呈现的是女性的身材美。长裙的特色在于凸显女性身体各个部位的反差，从而对性感部位加以强化，具有明显的浪漫主义情怀。西式长裙结构非常复杂，能够对身体的面积与长度进行延伸，往往是人还没到，就可以听到裙子的声音，尤其是晚礼服、婚纱等都是最好的体现。

长裙是新古典主义时期的代表性女装，那时女性多穿轻薄长裙，领口宽且低，腰线也提到胸下，这样可以凸显宽松的胸部，从腰线以下，裙子下垂，彰显舒畅的线条。

（2）旗袍。旗袍是清朝的旗人服装，当时有单袍、夹袍、丝绵袍等。清朝的旗袍主要是为了对身体进行掩盖，因此腰身比较平直且宽松，有着宽大的袖口，衣长直至脚踝。

现代意义上的旗袍是在20世纪初出现的，到了三四十年代达到顶峰，是当时中国女性颇具代表性的服装。当时，上海地区对海派的西方生活方式有所崇尚，因此对旗袍进行改良，从对身体曲线的掩盖转变为对女性美的彰显，使旗袍脱离了旧俗模式，成为当代女性的国服。

20世纪30年代，受西方短裙的影响，中国旗袍的长度缩短，也缩小了袖口，与身体更为贴合。到了20世纪30年代中期，旗袍又增加了长度，但是两边开叉，紧贴腰身，显示出女性的身体美。现如今，中国的旗袍增加了很多现代设计元素，尤其是下摆的变化，选用的材料也多种多样。

在料子上，旗袍多选择绸缎类、真丝类，这些料子本身是非常昂贵的，但穿起来非常舒适，尤其对于贴身的旗袍来说，更符合女性的肤感。当然，现如今的旗袍也有一些比较差的材质，如混纺料，材料是差很多，但是做出的旗袍非常挺，同时不容易出现褶皱，也成为女性的一种选择。

在绣花上，有机器绣花与人工绣花，如果是人工绣花，那么这件旗袍的档次是非常高的，如果是机器绣花，那么其必定非常匀称。但是相比之下,人工绣花更能给人活灵活现之感。

二、英汉服饰文化翻译

(一)西方服饰文化翻译

1.把握文化空缺词

英汉物质文化的不同导致在词汇表达上的差异,文化空缺词就是其最突出的表现。所谓文化空缺词,即某一民族特有的词汇,可能是在历史长河中逐渐形成的,也可能是该民族独创的。对于这类词的翻译,不是要求按照字面意思来翻译,而是要求将其在原文中的效果传达出来,译出其在原文中的文化内涵。例如,对于帽子,西方就有很多表达。

bowler 常礼帽

fez 红毡帽

stetson 牛仔帽

skull-cap 无檐帽

中国读者对于"礼帽"可能还算熟悉,但是其他的帽子就不熟悉了。再如:

have a green bonnet/wear a green bonnet

对于这个短语,很多人都翻译为"戴绿帽子",显然是错误的,其含义为"破产",这就要求在翻译时不能直接按照字面意思翻译,而应该弄清楚其负载的文化内涵。

2.把握英美习语内涵

在英美习语中,有很多与服饰相关的习语,在翻译时应该追本溯源,将习语的内涵挖掘出来。例如:

a bad hat

这个短语的含义并不是"坏帽子",而是"坏蛋、流氓",美国人常用这个习语代表"蹩脚的演员",指代的是那些无用的人。

at the drop of a hat

这个短语的意思并不是"帽子掉地上",而是用来指代一触即发的人、火暴脾气的人。这个习语源自以前的战斗,裁判员将突然举着的帽子扔到地上作为可以开枪的信号。

hat in hand

同样,这个短语的意思并不是"手里拿着帽子",而是不得已地求人帮忙,其指的是一些老百姓在面对权贵的时候,往往会脱帽致敬。这一点与中国传统礼仪相似。

3.明确服饰特殊指向

在日常生活中,人们往往对那些与普通人着装不同的特殊人群予以注意,即人们会将注意力集中于那些特色鲜明的服饰上,长此以往,人们就使用一些具有代表性的服装来修饰穿这类衣服的人。例如:

a bass hat 位高权重的人

boiled shirt 拘泥刻板的人

silk gown 赋有英国皇家律师高贵身份的人

stuffed shirt 爱摆架子的人

white collar 白领阶层

blue collar 蓝领工人

gray collar 灰领阶层

gold collar 金领阶层

(二)中国服饰文化翻译

1.传达服饰功能

服饰作为人类穿戴的物品,首先是为人们的生活服务的,因此必然带有自身的用途与功能。这就要求在翻译时应该将服饰的功能传达出来,即要告诉译入语读者某一服饰产品的用途。在中国,很多传统服饰品都是中华民族特有的,这对于外国人而言是很新鲜的,甚至没有听说过。对于这类服饰的翻译,最好在音译的基础上进行阐释,以便于译入语读者理解与把握。例如:

云肩 Yun-jian

如果这样翻译,译入语读者显然是不能理解的,因此有必要在其后加上这样一句:

a kind of shawl, a women's distinctive and decorative accessory wrapped around the shoulders, which is made of colored silk brocade and embroidered with four symmetrical and connected moiré pattern.

这是对 Yun-jian 的补充解释,以便译入语读者一目了然,也只有让译入语读者对该服饰品的功能有清晰的把握,才能展开对该服饰品后续的文化解读。

2.传达服饰文化属性

从不同角度对中国的服饰品进行审视,会发现明显的不同,其中会涉及强烈的情感因素。以"绣荷包"来说,如果从儒家人伦观的角度来说,这体现了中国传统观念"三从四德";如果从风俗的角度来说,这可能代表一种定情之物;如果从审美的角度来考量,这可以说是中国古代的一种工艺品。那么,如何让译入语读者了解不同角度的文化含义呢?这就要求译者在翻译时应该考虑上下文语境,以及译入语国家所处的民族、风俗、审美习惯等,将隐含的民族文化语义揭示出来。对于"绣荷包"三个角度的理解,可以翻译如下。

代表"三从四德" wifely submission and virtue in Confucianism—the three obedience (in ancient China a woman was required to obey her father before marriage, and her husband during married life and her sons in widow hood) and the four virtues (fidelity, physical charm, propriety in speech and efficiency in needle work)

代表"定情之物"a token of love for male and female

代表"手工艺术"the magnificent hand-made folk art

3.传达服饰的原味性

译者在翻译时必须要符合译入语国家的语言习惯,通过深层次地挖掘原文,用译入语的语言形式表达出来,做到"意译"。这样的翻译形式往往见于诗词中关于服饰的表达,目的是彰显意境悠远的传统文化色彩。例如:

青袄蒙头作野妆

Working in the paddy field with blue clothing and cowl

上述译文以现在分词引导,展现出江南水乡俊俏的女子在田间劳作的情景,给人以超乎自然的魅力,使女子的美丽与自然场景浑然天成,无须人工雕琢,实现了人与自然的和谐统一。

第四节　英汉饮食文化差异及其翻译

在国与国频繁交往的今天,人们会接触来自不同国家、不同地域的各种饮食文化。饮食是人类生存的第一要务,对于饮食,中西方都有其各自悠久的历史及灿烂的文化。本节首先分析英汉饮食文化的差异,进而基于这些差异探讨具体的翻译技巧。

一、英汉饮食文化差异

(一)饮食观念差异

1.西方饮食观念

西方国家对吃是非常重视的,但是在饮食的观念上与美味上与中国还相差甚远。对于西方人来说,饮食是生存的必要手段,也可以说是一种交际手段。因此,即便食物比较单调,为了生存,他们也会吃下去。

另外,为了更健康地活下去,西方人对于吃的营养非常关心,讲究搭配的营养度,注重食物是否能够被自己吸收。这体现了西方人理性的饮食观念。

2.中国饮食观念

中国讲究"民以食为天",因此对于吃是非常看重的,将吃饭作为比天还重要的事情。这在人们生活的方方面面都有所体现。例如,人们见面打招呼都会说"吃了吗?"

中国人注重吃,也非常喜欢吃,因此无论是什么场合,都能找到吃的理由,即婴儿出生要吃饭,过生日要吃饭,升学、毕业要吃饭,结婚也要吃饭等,一个人出了远门要吃饭,叫饯行,一个人归家也要吃饭,叫接风。

除了喜欢吃,中国人还非常注重吃的场合,强调吃的是否美味。对于美味的追求,中国的烹调几乎达到了极致,这也体现了中国食物的独特魅力。中国烹调的美味讲究各种配料、佐料的搭配,只有做到五味调和,才能称为美味的佳肴。这体现了中国感性的饮食观念。

(二)饮食对象差异

1.西方饮食对象

以美国为代表的国家主要以畜牧业为主,种植业较少,因此西方人的饮食多为肉类或者奶制品,辅以少量的谷物。西方的饮食往往是高热量、高脂肪的,但是人们讲究食物的原汁原味,汲取其中的天然营养。西方人的食材虽然富有营养,但是种类较为单一,制作上也非常简单,他们这样吃的目的不在于享受,而是生存与交际。

2.中国饮食对象

中国人的饮食与生存环境也有着密切的关系,生存环境决定了人们获得食物资源的种类。中国的饮食文化主要以种植业为主,畜牧业占小部分,因此中国人的饮食多为素食,辅以少量肉类。但是,随着中国经济的发展,中国的饮食范围在逐渐扩大,食物的种类逐渐增多,烹调方式也是五花八门。这些都使得中国人对于吃是乐在其中的,并且不辞辛苦地追求美食的创新,将美食文化发展到极致。

总之,中国的饮食对象是非常广泛的,也是非常感性的,这与哲学上的"和"有着密切的关系,强调人与自然的和谐共处,强调"天人合一"。

（三）饮食程序差异

1.西方饮食程序

西方的饮食强调营养,保持事物的原汁原味,在饮食对象上较为单一,他们吃的目的在于生存与交往,因此他们的烹调程序往往按照一套标准来完成。

相较于中国的菜谱,西方的菜谱整体上更为精确、科学,调料的添加、烹饪的时间都是有规定的,甚至厨房中都配有量杯、天平等,这样才能保证食物与配料添加的比例。正如肯德基、麦当劳,无论你在世界上任何一个地方吃,都会吃出一个味道,这是因为他们是严格按照世界通用的标准来烹饪的,按照这套方法做出的食物几乎可以保持食物本身的味道。

2.中国饮食程序

中国的饮食对象非常广泛,烹饪方式繁多,因此烹饪的规则、程序也并不是唯一的,而且富有较大的变化。就比如说"宫保鸡丁"这道菜,你在中国不同的地方吃会吃出不同的味道,甚至味道的改变很大。在辅料上,中国的食物往往以"一汤匙""适量"等来描述,这样就导致没有一个统一的标准,不同的厨师做出来的也必然有所差异。

在烹饪程序上,厨师往往会添加自己的聪明才智,也不会严格按照标准来烹饪,因此导致中国的这片土地上产生了很多的菜系。为了追求味道的鲜美与独特,厨师们往往会根据季节、客人等将同一道菜做出不同的味道。

(四)饮食习惯差异

1.西方饮食习惯

西方人用餐的目的在于生存,即主要是为了充饥,因此一般用餐都是分食制,即大家用餐是不干涉的。在西方的宴会上,人们的目的也是交流情谊,因此这种宴会的布置会非常优雅、温馨。西方人对于自助餐非常钟爱,食物依次排开,大家根据自己的需要索取,选择自己喜欢的食物,这方便大家随时走动,也是促进交往的表现。可见,西方的这种饮食习惯讲究实体与虚空的分离,他们尊重个体,注重形式结构,是个性突出的呈现,这也是自助餐在西方流行的根源。

2.中国饮食习惯

不管是什么样的宴席、出于什么样的目的,中国人大部分都围桌而坐,所有的食物无论是凉菜、热菜、甜点等都放在桌子中间。同时,中国人会根据用餐人的身份、年龄、地位等分配座位,在宴席上人们也会互相敬酒、互相让菜,给人以安静、祥和之感。

可见,这一理念符合中国人的"民族大团圆",也体现了用餐人"团结、礼让"的美德。中国人重视集体观念,强调全局,因此导致了这样的饮食习惯。

（五）饭食环境差异

1. 西方饮食环境

如上文所述，西方人的主要食物为肉类，又实行分食制，因此刀叉是最好的选择。在他们宴请宾客时，也追求浪漫的情怀，因此讲究安静的环境。在宴会期间，人们不会大声喧哗，在咀嚼食物时不会发出任何声音，这样给人一种优雅的感觉。同时，敬酒也只是意思一下，不会碰撞，也不会劝酒。

2. 中国饮食环境

中国的饮食对象多样，用餐也是围成一桌共食，因此筷子是中国人饮食的最好选择。筷子虽然简单，但是可以应对一切食物。同时，中国人用餐讲究氛围和场面，因此吃饭、喝酒都喜欢大声说话，将热闹的氛围烘托出来。

二、英汉饮食文化翻译

（一）西方饮食文化翻译

1. 菜肴文化翻译

西方人在烹饪菜肴时注重食物搭配，保证营养，因此与中式菜肴相比，西方菜肴种类较少，菜名也非常直白、简单，往往以国名、地名、原料名等来命名，如丹麦小花卷、牛肉汉堡等。

关于西方菜肴文化的翻译，人们的看法不同，有人认为应该意译，即用中国类似菜品的名字来替代。例如：

sandwich 肉夹馍

spaghetti 盖浇面

但是，一些人认为这样的翻译是不妥当的，虽然两种食物在外形上相似,但是味道、材料上明显不同,因此这样的翻译是错误的。为了保证翻译的地道,反映西方菜肴的韵味,笔者认为应该将直译与意译相结合来翻译。例如:

potato salad 土豆沙拉

grilled chicken 香煎鸡扒

apple pie 苹果派

corn soup 粟米浓汤

shrimp toast 鲜虾吐司

vegetable curry 蔬菜咖喱

2.酒文化翻译

西方的酒文化有着悠久的历史,随时历史的积淀,西方的酒文化逐渐形成自身的特点。对于酒文化的起源,西方有很多说法,但是大多都认为源于神话故事。英语中,很多词语都与酒神有关。例如:

bacchus 酒的通称

bacchant 狂饮酒作乐的人

bacchic 狂欢醉酒的人

bacchae 参加酒神节狂欢的妇女们

对于酒名的翻译,一般采用如下几种方法。

(1)直译法

有些酒名采用直译法进行翻译,可以实现较好的翻译效果。例如:

Bombay Sapphire 孟买蓝宝石

Canadian Club 加拿大俱乐部

(2)音译法

在西方酒名的翻译中,音译法是最常见的方法,并且主要适用于原有的商标名没有任何其他含义的情况。例如:

Vermouth 味美思

上例中 Vermouth 本义为"苦艾酒",因为其在制作过程中添加了苦艾叶，并且以葡萄酒作为酒基，因此微微带有苦涩的味道。但是如果仅仅以其中的一个原料命名实为不妥，听起来给人以忧伤的感觉，而且与葡萄酒香甜的味道相违背，因此采用音译法，音译为"味美思"更为恰当。

（3）意译法

除了直译与音译外，意译也是西方酒文化翻译的常见方法。例如：

Pink Lady 粉红佳人

Wild Turkey 野火鸡波本

（二）中国饮食文化翻译

从上述分析不难看出，中西饮食文化存在明显的差异，因此在向西方宾客介绍中国菜肴时，尤其介绍中国菜名时，必须掌握一定的翻译技巧，要把握菜肴命名的侧重点，使宾客能够对菜肴一目了然，并了解菜肴背后的文化内涵。

1. 以特殊风味命名的菜肴的翻译

在中国菜肴中，很多是凭借味道来广为流传的。因此，在翻译时需要考虑这些特殊的风味，除了需要将原料展示出来，还需要将其风味特色展现出来。例如，"鱼香肉丝"是四川的一道非常具有独特风味的菜品，其与"鱼"并没有关系，而是通过佐料的搭配而烹饪的一种具有鱼香的菜品。因此，在翻译时不能翻译成 fish-flavor shredded pork，而应该翻译为 stir-fried pork shreds in garlic sauce。

2. 以特色命名的菜肴的翻译

中国饮食文化具有悠久的历史，加上原材料与烹饪方法非常丰富，因此很多菜名都是独一无二的。在翻译这类菜名时，往往需要进行迁移处理，把握译入语的当地特色，采用音译的方式来处理。例如：

汤圆 Tang Yuan

混沌 Wonton

饺子 Jiaozi

包子 Baozi

馒头 Mantou

锅贴 Kuo Tieh

炒面 Chow Mein

第五节　英汉居住文化差异及其翻译

　　建筑可以说是一部凝固的历史,时期不同,孕育的建筑形式、建筑理念也不同。不同建筑也承载着不同的文化内涵。在建筑上,世界上各地人们创造出了丰富的空间文化形态,并凝结着浓厚的文化气息与审美追求。为此,本节就对英汉居住文化差异及其翻译展开分析。

一、英汉居住文化差异

(一)建筑材料差异

　　分析中西方的建筑材料不难发现,中国建筑多以土、木作为主材料,而西方多以石作为主材料。

1.西方以石为主

　　西方人多由山洞人进化而来,他们对石头有着特殊的感情。欧洲最初出现的石头建筑就是位于英国苏格兰的史前石屋,其外形看起来像树枝棚,但实际上这些树枝就是由最初的穴居山洞演进而来的。

　　英国建筑中的哥特式建筑有着重要的地位,其继承了罗马建筑的精髓——砖石艺术,在石头的运用上达到了较高的水准。同时,这些哥特式建筑赋予了石头以人类的气息,传达出一种"人化的自然或自然的人化"境界。这些精美的石头展现了设计师高超的记忆,也是一种意志、情绪的呈现,是理性与非理性的交融。

2.中国以木为主

在中国传统建筑中,木质材料为主要的建筑材料,并且占据主要的位置,其他材料都作为辅料。受儒家思想的影响,中国主张"仁"的精神,而木材恰好能够体现这一思想的深邃、坚韧与缜密。

就建筑形式与建筑材料的搭配来说,木料结构的搭配更加适合中国的广阔、平整、高大建筑风格。木质结构的运用恰好体现了木质结构体系,也是中国古代建筑最为突出的特点。

这种木质结构的建筑有很多优点。

第一,具有良好的防震能力。

第二,木质结构选材具有极大的便利性。比起开山取石,木材取材更加方便,也减少了建筑时间。例如,修建北京故宫历史记载用了 13 年,但大部分时间都是为了取材,实际建筑时间还不到 5 年。

(二)建筑本位差异

受民族思想的影响,中国的建筑以宫室为本,而西方的建筑以宗室为本。

1.西方的宗室本位

西方建筑追求宗室本位,英国伦敦的圣保罗大教堂就是最为典型的代表。这种哥特式的教堂往往呈现灵动、奔放的力量,线条的直升、空间推移的奇突、光线的色彩斑斓等,形成一种"非人间"的境界,给人以神秘之感与冲力。

2.中国的宫室本位

中华民族的思想源于对自然中山地日月草木的一种崇拜,其中畏天思想是非常突出的。对自然的崇拜最初的体现就是筑坛植树。

宫室本位的建筑是中国建筑的主流,中国古代的君王提倡奉天承运,具有绝对的权威性,因此享受无限的尊严与至高的地位。天子除了对臣民有生杀予夺的权利外,最主要的还是对万事万物的负责。

(三)建筑形态差异

建筑材料与建筑本位的差异,导致了中西方建筑形态形式的不同,使得中西方形成了各自的建筑风格。

1.西方讲究凸显个体与功能

在建造的初期,西方建筑就对功能性非常强调,一些建筑形式首先考虑的是功能。同时,当确定了功能之后,往往会在建筑内部进行细腻的空间分割,建筑形式多为单体形式。

与中国的建筑风格不同,西方国家的建筑凸显个体风格,重视人与自然之间的关系,为了凸显个体的设计理念,建筑往往多具有磅礴与高大雄伟的气势。

2.中国讲究中轴对称、外合内开

自古以来,中国人追求"天人合一",在建筑风格上也必然体现这一思想,无论是建筑功能,还是建筑结构形制,都是"天人合一"思想的呈现,即中轴对称、外合内开。在具体的布局上,也是院子与院子相连接,达到意境与内敛融合的效果。这可以从古代的宫廷建筑中看出来。

在特定空间环境内,中国的建筑往往以某一个核心建筑作为主体,运用特定的方法向周边建筑拓展,然后再定位这些建筑的具体功能,形成建筑群,并且在轴线上是对称的,保持一种完整性。

(四)建筑空间差异

从形态形式上可以看出,中国建筑文化较为内敛,而西方建筑文化更为开放,表现在空间层次上可以归结如下。

1.西方的几何美与秩序性

在西方建筑中,广场是最具有特色的建筑,其与其他形式的建筑紧密结合,充分与城市环境相融合,是西方开放性文化传统的体现。西方的每一个大城市的建筑都是以广场作为空间标志,周边以不同功能的建筑环绕,体现出广场空间的主导地位,是建筑主体的一部分。

2.中国的秀丽性与轻灵感

在中国的建筑中,院落是其中的主体元素,无论是官家的轴线院落,还是园林的错落院落都是最好的呈现。建筑中的院落空间是围合状态下的封闭空间,院落居于主体,周围以院落为中心来布置,体现的是一种表意的精神层面。

(五)建筑形制差异

建筑是历史的见证,也是文化的标志。随着历史的变迁,中西方基本建筑形制也在不断改变。下面就来介绍一些富有代表性的建筑。

1.西方的基本建筑形制

这里所说的西方建筑指的是从古希腊一直到 19 世纪的西方古典建筑。

第一,古希腊时期的建筑。古希腊时期的文明多以神话传说为主,为的是祭拜神灵,与神灵交流,寻求庇佑。古希腊人强调

"人神合一",因此建造了很多气势庞大的神殿,认为神与人一样,有着七情六欲。但是,神有着明显的不同,他们在外形上是完美的,对世间的一切事物加以控制。

希腊人将神话中的人文精神与关怀纳入神殿建设中,将大理石作为根基,将大理石柱作为支撑,柱子顶端有横眉,上方以精美的神话题材作为雕塑。整个神殿呈现长方形,整体开阔高大。

第二,古罗马时期的建筑。古罗马帝国最重要的特点就是崇尚暴力,因此在建筑上也呈现了这一特点。古罗马帝国的宫殿与贵族的府邸都是世界建筑师的精彩篇章。另外,为了镇压,古罗马帝国修建了很多公路网络,为了取悦市民,统治者也修建了多个竞技场、斗兽场等,为了解决饮水问题,古罗马人还修建了水渠。

第三,文艺复兴时期的建筑。文艺复兴时期的建筑重新采用了古希腊罗马时期的柱式构图要素。这是因为古希腊罗马的这一建筑的理性与和谐恰好与文艺复兴的人文主义相符合。同时,这一时期的建筑也多刚劲、严肃,并且以轴线构图为主,富有个性。

第四,17世纪至18世纪时期的建筑。17世纪的欧洲,一批新的建筑形制出现,这一时期,人们将建筑的重点置于花园别墅、中小教堂上。这一时期的建筑风格也非常奇特,不惜采用贵重的材料,以彰显装饰之美。这种风格往往被称为"巴洛克"式建筑,其打破了对古典建筑理论的盲目崇拜,是人们向往自由思想的反映。由于巴洛克风格下的建筑都较为神秘,并且是神秘感与财富的彰显,因此很快在欧洲与美洲盛行。

在巴洛克建筑的基础上,一种新的建筑风格诞生,即洛可可式建筑风格。这一建筑风格主要是针对室内的装饰,其比较甜腻、娇媚,反映了当时没落贵族的审美思想与颓废情绪。

第五,19世纪时期的建筑。19世纪,钢铁成为一种新的建筑材料,并被人们广泛使用。因此,一种全新的建筑时代到来,也是对建筑空间高度限制的打破。但是,欧洲的整体建筑仍旧呈现古典建筑风格,影响最大的有如下两个建筑思想。

古典复兴又被称为"新古典主义建筑"。这一风格的建筑较为独立,逻辑完整与单纯,并且彰显细微之处,较少使用装饰性构件。一般来说,国会、交易所等使用这一建筑风格,如大英博物馆、凯旋门等。

浪漫主义建筑思潮最早在英国诞生,随后扩展到欧美地区,其追求超凡脱俗的异国情趣,提倡自然主义与艺术个性,如曼彻斯特的市政厅就是这样的艺术风格。

综上所述可知,欧洲历史上民族众多,各民族之间有着较大的影响,思想也逐渐发生变革,受这些因素的影响,西方的建筑多呈现变化性,并且有各种各样的流派,建筑风格明显各异。下面来看一些比较典型的西方建筑。

(1)古希腊建筑的辉煌创造——巴特农神庙。在古希腊时期,航海与经商的天然港口就是雅典城。之后,雅典经过了多场战争,百废待兴,到了公元450年,也就是伯里克执政的时期,他开始广纳建筑良才,重振雅典城,这一时期,艺术与哲学达到了一个空前繁荣的局面。在黄金时期,雅典新卫城的主要建筑有巴特农神庙、厄勒克西奥神庙、胜利女神尼开神庙。其中,巴特农神庙是为了供奉雅典娜女神修建的,因此是最辉煌的建筑。

巴特农神庙修建于公元前447年,是一座长方形形状的庙宇,外面竖立着雅典娜女神铜像,其是雅典城显著的标志。但是,现在这座铜像已经不复存在。

整个巴特农神庙采用的是围柱式的结构,四周有17根主柱,庙宇为70m×31m,与黄金分割的审美标准是相符的。同时,庙宇以白色大理石作为建筑材料,用镀金青铜作为建筑的装饰物,给人以高贵华丽之感,并显得更加壮实有力。

巴特农神庙的全部雕塑一共包含三个部分。

第一部分为人字墙上的雕像,位于东西两角,以浮雕相称。

第二部分为雅典娜与波塞冬争夺雅典保护神的雕像。

第三部分为"命运三女神"雕像,其以生动的姿态、富有生命力的躯体,给人一种血液流动的感觉,也表现出雕塑家对人体的了解与精湛的技术。

(2)哥特式建筑的典范——巴黎圣母院。巴黎圣母院是哥特式建筑的典范,是最具有艺术价值的一座教堂。整座教堂的墙壁、窗棂等都是用石头雕刻而成的。

巴黎圣母院由三座殿堂构成。正门的建筑从上到下可以划分为三层,在顶部有两座钟楼,对称摆放。

巴黎圣母院最精彩的部分是屋顶、塔楼与扶壁,其顶部多为尖塔式样,门窗为尖拱形,如同一个直逼蓝天的箭头。内部的扶壁给人以灵巧之感。如果你站在里面,仰头会给你一种腾空之感。当阳光照射入内,室内光影柔和,俨然一种虚幻之境。

(3)古典主义的杰作——凡尔赛宫。凡尔赛宫是 17 世纪古典主义的园林杰作,其原本为路易十三的猎庄,但经过不断的发展与后代人的建筑,现在成了西方世界最大的园林,也是古典主义的代表。

凡尔赛宫的中轴线长达 3 公里,是全局的统帅,西面是轴线式的设计,凸显层次性。道路呈网状式,是对中央集权制度的图解,一座花园与宫殿的西墙贴近,中央设置一对水池,可以鲜明地映衬出宫殿的明丽色彩。在水池台地的南北,配有图案式的花坛,北侧的花坛之外设有喷泉小径,南侧的花坛之外设有台阶,台阶下有花圃,以橘树的种植为主,在外侧是一片湖,给人以开阔之感。

在水池台地的西面,有一个圆形大水池,中间立着太阳神阿波罗母亲勒托的雕像,勒托一手护着阿波罗,一手为他遮挡喷泉水珠。在喷泉西部,有一块草地,两侧有白色石像,都配有神话人物。石像之外被划分为 12 个区,每一个区包含一个主题。总之,整体给人以幽静之感,大小也设置得非常适度,展现出法国的浪漫情怀。

2.中国的基本建筑形制

受两千多年封建社会与农业文明的影响,我国的社会格局与伦理道德几乎变化很小,整个社会趋于稳定,这导致中国的建筑形制较为稳定。

(1)丰富多彩的民居建筑。中国有着丰富的民族、广阔的地域,传统民居丰富多样、种类繁多。

其一,北京四合院。在中国古代的民居建筑中,北京四合院是最为典型的,这种建筑风格与我国的宗族制度相关,也体现出封建社会的家庭等级制度,是中国古代文化的代表形式。

四合院的种类很多,到了明清时期,无论是材料的选择,还是结构的布局,都已经固定成型。由于不同家族等级不同,财富拥有的多少也不同,因此四合院的大小也存在差异。

一般来说,北京四合院呈现三进四合院,这是最为典型的制式,这种建筑以一条严密的南北向的中轴线为中心,宅院的人大多位于东南角,有"紫气东来"的意味。进入一个宅院,迎面呈现的是一块影壁,并且配有砖雕等饰物,旁边以盆栽花卉环绕,给人以家族兴旺的气息。就空间艺术上说,转弯抹角是对宅院的一种含蓄的描述,因为转弯的目的是防止煞气的进入,并且含有家丑不可外扬的意思。

进入宅院室内,一般比较狭小,南侧为一排朝北的房子,为"侧座",一般供仆人使用,也可以留客过夜。除了用来住宿,这些房子也可以放置杂物。小院北边有一垛墙,正中有一扇垂花门,门内为主院,也是大院,院内有大量草木花卉。主院一般坐北朝南,最大的一件为家主的房间,旁边配有书房、客厅等,两侧还有小跨院、厢房,用于晚辈的住宿、小客厅、小书房等。在各个院落的连接处有廊道,即便雨天也不会淋湿。

正房之后还有小院,一排有罩房,为女佣的住所以及库房。整座院落的外围都是封闭的,以保证安全和宁静。这符合古代的礼数,妇女不能随便到外院,客人也不可以随便进入内院。

另外,室内门窗、檐柱等配有各种饰品,通过这些饰品,保证室内的空间具有丰富的层次以及虚实有致的空间。

其二,江南水乡民居。这类建筑也属于中国比较有名的建筑形制。

送人游吴

杜荀鹤(唐)

君到姑苏见,人家尽枕河。

古宫闲地少,水港小桥多。

夜市卖菱藕,春船载绮罗。

遥知未眠月,乡思在渔歌。

这首诗是对江南水乡风光的描述。江南又可以称为"江东",指的是长三角、钱塘江一带,也是中国著名的鱼米之乡。江南气候宜人,有很多人文景观,尤其是绍兴、苏州更甚。

陈宅是苏州著名的民居,这座住宅的基本结构类似于北京的四合院,也呈现中轴线的设置。大门进去之后,正对面为轿厅,这是一进院落。转弯入内院为二进院落,然后三进院落,有小院和东西披屋,后面为最后一进院落。这样共四进院落,东边可以称为"避弄",每一个院落都有一个小门,"避弄"不仅可以直达整个院子的后门,还可以直通边门,这样的设计是非常方便的。当然,从实用角度来说,"避弄"的设计主要是为了防火与避客,每逢家中有宾客到来时,家里的妇人是需要躲避的。

陈宅的两侧有河流,西南角有小桥流水,这是典型江南水乡的体现。

其三,四川民居。四川在古代称为"巴蜀",巴山巫峡,地势较为险峻,高低起伏,因此这一代的建筑都是依据地势而兴建起来的,呈现高低错落之感,最具有代表性的就是吊脚楼。所谓吊脚楼,即在坡地上兴建房屋,用悬挑的方式加大进深之处,一半在坡地上,一半悬挑出平面,是一个双层楼房。

四川盆地地势较为平坦,民居的形式与长江中下游地区没有多大的差别。但是,特殊之处在于四川人喜欢用天井的数量对规模加以计算,某一家只要说出需要几个天井,那么就可以看出这家人的多寡以及家业的雄厚。

由于四川地区景色优美,峨眉山一带的民居上也往往建设有冲楼,即小书阁,结构较为简单,周边景色宜人,开窗远眺,给人一种心旷神怡之感。

综合来说,四川民居与地势有着密切的关系,因此建筑方式也大体可以分为如下六种。

"台",用于坡度陡峭的地方,如同梯田一样,将坡面层层剖开,进而一层层升高,形成广阔的平台,在平台上建筑房屋,一个平台一个进院。这一建筑形式在四川地区较为普遍。

"挑",即用于地形狭窄的地方,在楼层处兴建挑楼式的挑廊,用于对室内的空间进行扩大。一般来说,这种住宅形式在城镇较多,尤其是沿街的房屋。

"拖",即用于地形较为平坦的地方,将建筑物按照垂直于等高线的方向来建造,这一做法适合建造厢房,屋顶也呈现阶梯形状,显得更为美观。

"坡",即房屋按照垂直于等高线的方向顺坡度来建造,坡度比上面一种方式更为平坦,屋面给人一种整齐之感。

"梭",即房屋的屋顶向后方拉长,形成前面高、后面低的情况,多用于厢房的建设。这一部分建筑多用于堆放杂物或者饲养牲畜。

"吊",就是前面所说的吊脚楼。

(2)城市的文化品位。说到"城市",人们肯定想到的是文明的标志,而城市最早形成于夏朝时期,因此这里所说的城市也是古代的城市。

其一,北宋都城东京。东京就是今天的"开封",开封有着悠久的历史,很多朝代都在此建造都城,因此被称为"七朝古都"。

公元前4世纪,魏惠王迁都大梁,当魏国被秦国灭亡之后,这座城池开始衰落,直到隋代,由于运河的开凿,这座城池又开始繁荣起来。唐代安史之乱,长安、洛阳受到破坏,而开封则得到进一步的发展。五代时期,除了后唐,其他四代都建都开封,这时候已经称为"东京"。

北宋开国的初期,关于建都问题,一些大臣有过争论。很多人主张建都洛阳,但是当时的洛阳已经残破不堪,因此不得不建都开封。由于开封没有险要地势守护,因此朝廷对于城防工程非常看重。中心为皇城,是皇帝朝政与生活的地方,周围城墙十分坚固,用砖石砌成。

在皇城之外,有内城,是东京的精华,除了有政府机构,还有酒楼、商店、庙宇、住宅等,是十分繁华的地方。在内城之外即为外城,外城的街道布局以宫城作为中心,构成辐射式与方格式的结构。城四周有河道,是主要的交通与商业贸易区,可用于饮水与浏览。

其二,明清时代北京城。在元代,北京称为"大都",后朱元璋在南京建都,大都因此改名为"北平",明成祖朱棣夺取政权,将"北平"改为"北京",并将都城迁至于此。清兵入关之后,仍旧将北京作为都城,直到现在。

在明清时期,北京城分为三重:皇城、内城、外城,皇城中包含紫禁城。皇城位于内城的中间靠南的一侧,南部有大明门,两角有长安左门与长安右门。东部有 T 型广场,设置有礼部、吏部、户部等中央机关。西部有总督府、太常寺等。北部为皇城的正门承天门,清朝称为"天安门"。天安门前面有金水桥、华表石狮等装饰。

北京城布局非常严谨,也呈现横平竖直的理念,东西大道与南北大道交错呈现,中间有胡同拼接,可曲可直,交通非常方便。北京皇城非常雄伟壮阔,高低错落有致,给人以繁荣有序、金碧辉煌之感。

(3)典雅秀美的园林艺术。中国有着典雅优美的园林艺术,其始于西周时期,之后各个朝代对于园林建筑都非常重视。到了明清时期,园林建筑达到顶峰,呈现的是一种人与自然和谐的韵味。

其一,皇家园林中的瑰宝——颐和园。在我国的皇家园林中,颐和园是最具有代表性的园林,并且被保存得很好。颐和园建造的地方在金朝是皇帝的行宫,到了明代建设为皇家园林。

颐和园的规模巨大，面积为290公顷，并且一半以上为水面，陆地既包含平地，也包含山峦，万寿山为颐和园的主峰。在颐和园内有四个景区。

朝廷宫室，包含东宫门、仁寿、供应房、住宅等。主殿为仁寿殿，是皇帝处理政事、召见臣子的地方，皇帝居住地为乐寿堂。

万寿山前面部分，有一个堪称世界第一廊的长廊，檐柱绘有彩画。

万寿山后面山区部分，其最高的建筑是佛香阁，也是颐和园的主要景点。

湖区，包含昆明湖、西湖、南湖等，占地面积3/4。其中著名的还有十七孔桥、八角亭、龙王庙等。湖区给人以自然风韵，也彰显了帝王家的气息。

其二，私家园林中的璀璨明珠——苏州拙政园。拙政园位于苏州的东北方向，建造于明朝，是御史王献臣的私家园林。从私家园林的角度说，苏州拙政园是面积最大的，其主要以水景为主，园内多有水池，且楼台亭榭居多，给人以明晦之感。

拙政园以水景为主要核心，分为三个部分：东部、中部、西部。中部园区为整个拙政园的主体部分，水的占地面积为总面积的1/3，构造主要围绕水池，水池的南侧有楼台亭榭，北侧有林木山水，入口处在中部园区的东侧，称为"东半亭"，亭子的前面有小石桥，是明代遗留下来的，经过小石桥不远处，为拙政园的主体建筑——远香亭，四周以圃廊环绕，给人以错落有致的感觉。在远香亭的北部有石头铺成的平台，水池中间有用土石垒成的小岛，这样山水交融，手法是非常独特的。远香亭的西部有四面亭，四周有荷花环绕，到了仲夏季节，柳树随风摇曳，荷花绽放，清香四溢。亭子有六角，呈现攒尖式，给人以空灵的形态。树池的南面有一旱船，形式类似于花坊，后舱部分建有阁楼，通过阁楼，可以观看整个拙政园的景色。

(六)审美观念差异

1.西方审美观念

西方建筑着重灵活多样,追求形式之美以及外在景象带给人的感受。西方古典建筑多呈现几何图形,非常壮观与大气。虽然经过了历史的变革,但是各个历史阶段都有着各自的特点。只要人们稍微有点常识,就能够将哥特式建筑与巴洛克式建筑区分开来。

可见,西方建筑文化是明确的、理性的,西方人认为一切事物的根本标准就在于数,并且在比例上体现了明确的数理文化。

2.中国审美观念

中国建筑追求对称之美,其中轴线的设计是非常受欢迎的,这样的建筑格局呈现一种恢宏的气势,并且从纵向看是层层相扣的。中轴线的旁边往往有一些次要的建筑,以构成对称。

事实上,中国的这种审美风格是受中国政治文化与君臣文化影响的,暗示着中国对中庸、保守、和谐思想的推崇。

另外,中国比较有特色的园林建筑也彰显了中国人对意境美的追求。例如,苏州园林多比较精巧,并且景观多呈现变化性,虚实的构思在园林多处设计上彰显,形成一种水乳交融的景象,令很多文人雅士流连忘返。

(七)布局理念差异

1.西方布局理念

西方建筑呈现几何线条,是敞开的,有秩序的,如广场的设计就是非常开放的,其与建筑构成一个有趣的图画,并且与城市环境相融合。当然,广场是整个建筑的附属,真正居于主体的是广场中间的其他建筑。

但是,西方建筑在共性层面也有着个性,如古罗马式的敦实与厚重,拥有独特的城堡特色,哥特式建筑则以直冲云霄的垂直线条和尖顶为主要亮点。

2.中国布局理念

中国建筑是一种围墙文化,是中国内敛含蓄的体现。不管是中轴线设计,还是园林的错落有致,都是一个国度特色的彰显。

殿堂或者庭院建筑也都有围墙,并且宫殿、大堂是整个建筑的核心区域,其他建筑都是围绕这一核心来展开设计的。

(八)革新态度差异

1.西方革新态度

从纵向层面对西方建筑文化进行分析,其整体上所呈现的是不断的演进和跃变的发展态势。从希腊雅典卫城上出现的第一批神庙起到目前已经有 2 500 多年的历史,在这期间,整个欧洲古代的建筑形态从始至终都在发生着演进和跃变。具体经历了以下几个演变过程:从古希腊古典柱式到古罗马的拱券、穹隆顶技术,从哥特建筑的尖券、十字拱和飞扶壁技术到欧洲文艺复兴时代的罗马圣彼得大教堂,无论是在形象、比例、装饰以及空间布局等方面,西方的建筑文化都发生了很大的变化。这些建筑文化其实都很好地反映了西方人富于勇于创新、独辟蹊径的精神。

2.中国革新态度

建筑文化作为与人类关系密切的一种文化形式,其不仅有对历史性的继承,还有在继承基础上的改变和创新。对建筑发展的历程进行深入分析不难发现,我国的建筑文化在整体上呈现了"保守"这一典型特点。据相关文献资料的记载,我国的建筑形式和建筑中经常用到的材料甚至在 3 000 年之内几乎没有发生任何改变。西方建筑文化在这一方面则与我国的建筑文化存在着很

大的不同,其整体上所呈现的是经常求变的特点,并且这一特点
在结构和材料演变上表现得尤为明显。

通过对中西建筑文化差异的对比分析不难看出,中西建筑文
化并不是绝对孤立存在的,而是处在一种交叉着冲突、碰撞、交互
和融合的状态之中。这两种文化下的建筑在此消彼长中改变着
我国传统建筑理念中的建筑理念、结构和手法。但是,要想实现
建筑文化的传承和发展,应对具有特色的我国传统的建筑文化进
行深入研究和精确的传译,使其建筑艺术的风格和魅力得以有效
地彰显。

二、英汉居住文化翻译

(一)西方居住文化翻译

1.把握专业词汇

在描述西方建筑文化时,不可避免地会运用到很多专业术
语,对这些术语进行翻译时要特别注意,保证能够将这些术语的
特定含义传达出来。例如:

welding 焊接

steel bar 钢筋

bar arrangement 配筋

beam column wed 梁柱腹板

reinforced concrete 钢筋混凝土

同时,在翻译专业术语时需要保证居住文化的艺术性。
例如:

The study had a Spartan look.

这间书房有一种斯巴达式的简朴景象。

在翻译上述例子时,译者采用了直译与意译结合的技巧,避
免翻译时太过于机械性,成功将这间书房的建筑美感传达出来。

2. 注意被动句式

在关于西方居住文化的描述中,被动句式较为常见,汉语中则较少使用被动句,因此在翻译时译者应该对其进行恰当处理。例如:

The old civil engineer is respected by everybody.

这位老土木工程师受大家尊敬。(被动翻译为被动)

Theodolite is widely used in the construction survey.

经纬仪在建筑测量中广泛应用。(被动翻译为主动)

(二)中国居住文化翻译

1. 约定俗成法

众所周知,中国是一个世界闻名的古国,拥有的古典建筑有很多。很多学者对这些古典建筑进行过研究与翻译,随着时代的进步,这些翻译逐渐固定下来,成为约定俗成的表达。例如:

颐和园 the Summer Palace

四合院 quadruple courtyards/courtyard houses

水榭 waterside pavilion

故宫 the Imperial Palace

天安门 Tiananmen Square

园林 gardens and parks

紫禁城 the Forbidden City

胡同 hutong(bystreet)

亭 kiosk

碑铭 inscription

园艺 gardening

2. 直译法

对于描述类的中国建筑,译者在翻译时往往采用直译法。直译不仅是为了将原文的意义准确传达出来,还是为了对原文语言形式如句子结构、修辞手法等进行保留。对中国居住文化进行直译有助于让译入语读者了解中国传统居住文化的魅力。例如:

北京宫殿又称"紫禁城",呈南北纵长的矩形,城墙内外包砖,四面各开一门,四角各有一曲尺平面的角楼,外绕称为"筒子河"的护城河。

Beijing Palace, also known as "the Forbidden City", showed a rectangle with a north—south longitudinal length. City walls covered by bricks, pierced by a gate on the four sides and decorated by a flat turret in the four comers are surrounded by a moat called "Tongzihe River".

上例是对紫禁城的描述,译文直接采用直译法,让译入语读者在头脑中描绘出紫禁城的形象,勾勒出一幅紫禁城图,进而了解中国的建筑与自身国家的建筑的差异。这样做不仅保留了原文的文化要素,还使得中国建筑文化成功地走出去。

3. 直译加注法

受历史习惯、社会风俗的影响,不同的文化难免存在空缺,这给译者带来了巨大的困难。当然,这在中国传统居住文化的翻译中也是如此。中国的很多建筑有着悠久的历史,并极具特色,很多术语对于外国人也是闻所未闻的,如果在翻译时不进行特殊处理,那么会让译入语读者不知所云,也就很难实现翻译的目的。因此,对于建筑词语来说,译者应该从源语文本考量,本着传播中国居住文化的目的,采用音译加注的方式来处理。例如:

高大的承天门城楼立在城台上,面阔九间……

The tall and noble Chengtianmen Rostrum stand on the platform with a nine Jian (the distance between two columns: often used in descriptions of ancient architecture) …

上例中,"间"是中国传统建筑术语,即四根木头圆柱围成的空间,但是这个字对于西方建筑并不适用,西方建筑往往采用的是"平方米"。对于二者的换算，当前还没有踪迹可寻。因此，最好的翻译方法就是直接翻译为"间"，然后在后面添加解释，即中国古代建筑的一种丈量单位，这样译入语读者就能够理解了。

综上所述，对英汉物质文化进行对比与翻译，可以让人们更加深入地思考中西方物质文化的差异性。在文化翻译中，文化是翻译的基本单位，因此译者要从传播中西方物质文化的使命出发，对原文进行理解，考虑译入语读者的接受度，寻求最恰当的翻译方法。

参考文献

[1][英]雷蒙德弗·思.人文类型[M].费孝通,译.北京:华夏出版社,2002.

[2]艾瑞克·克莱默(Eric Mark Kramer).全球化语境下的跨文化传播[M].刘杨,译.北京:清华大学出版社,2015.

[3]白靖宇.文化与翻译(修订版)[M].北京:中国社会科学出版社,2010.

[4]包惠南,包昂.中国文化与汉英翻译[M].北京:外文出版社,2004.

[5]陈福康.中国译学理论史稿[M].上海:上海外语教育出版社,2000.

[6]陈浩东等.翻译心理学[M].北京:北京大学出版社,2013.

[7]陈坤林,何强.中西文化比较[M].北京:国防工业出版社,2012.

[8]方梦之.译学辞典[M].上海:上海外语教育出版社,2003.

[9]郭著章.翻译名家研究[M].武汉:湖北教育出版社,1999.

[10]何江波.英语翻译理论与实践教程[M].长沙:湖南大学出版社,2010.

[11]何善芬.英汉语言对比研究[M].上海:上海外语教育出版社,2002.

[12]何远秀.英汉常用修辞格对比研究[M].成都:西南交通大学出版社,2011.

[13]胡文仲.英美文化辞典[M].北京:外语教学与研究出版社,1995.

[14]黄成洲.英汉翻译技巧——译者的金刚钻[M].西安:西北工业大学出版社,2008.

[15]金惠康.跨文化交际翻译续编[M].北京:中国对外翻译出版公司,2004.

[16]李建军.文化翻译论[M].上海:复旦大学出版社,2010.

[17]刘宓庆.文化翻译论纲[M].武汉:湖北教育出版社,1999.

[18]卢红梅.华夏文化与汉英翻译(第二部)[M].武汉:武汉大学出版社,2008.

[19]卢红梅.华夏文化与汉英翻译[M].武汉:武汉大学出版社,2006.

[20]马会娟.汉英文化比较与翻译[M].北京:中国对外翻译出版有限公司,2014.

[21]冒国安.实用英汉对比教程[M].重庆:重庆大学出版社,2004.

[22]平洪,张国扬.英语习语与英美文化[M].北京:外语教学与研究出版社,1999.

[23]宿荣江.文化与翻译[M].北京:中国社会出版社,2009.

[24]孙艺风.视角 阐释 文化——文学翻译与翻译理论[M].北京:清华大学出版社,2004.

[25]孙英春.跨文化传播学导论[M].北京:北京大学出版社,2008.

[26]汪德华.中国与英美国家习俗文化比较[M].杭州:浙江大学出版社,2011.

[27]王力.王力文集(第一卷)[M].济南:山东教育出版社,1984.

[28]王祥云.中西方传统文化比较[M].郑州:河南人民出版社,2006.

[29]闫文培.全球化语境下的中西文化及语言对比[M].北京:科学出版社,2007.

[30]严明.大学英语翻译教学理论与实践[M].长春:吉林出版集团有限责任公司,2009.

[31]杨丰宁.英汉语言比较与翻译[M].天津:天津大学出版社,2006.

[32]殷莉,韩晓玲.英汉习语与民俗文化[M].北京:北京大学出版社,2007.

[33]张全.全球化语境下的跨文化翻译研究[M].昆明:云南大学出版社,2010.

[34]张维友.英汉语词汇对比研究[M].上海:上海外语教育出版社,2010.

[35]张镇华.英语习语的文化内涵及其语用研究[M].北京:外语教学与研究出版社,2007.

[36]钟书能.英汉翻译技巧[M].北京:对外经济贸易大学出版社,2010.

[37]杜倩.汉英植物词语文化语义对比研究[D].保定:河北大学,2011.

[38]郭富强.意合形合的汉英对比研究[D].上海:华东师范大学,2006.

[39]韩暖.汉英禁忌语对比分析及其在跨文化交际中的回避策略[D].哈尔滨:哈尔滨师范大学,2016.

[40]李杰玲.山与中国诗学——以六朝诗歌为中心[D].上海:上海师范大学,2011.

[41]马慧.英汉语篇衔接手段对比及其翻译[D].兰州:兰州大学,2017.

[42]王军霞.汉语教学中英汉习语文化空缺现象研究[D].济南:山东师范大学,2016.

[43]武恩义.英汉典故对比研究[D].北京:中央民族大学,2006.

[44]杨万宁.汉英禁忌语对比研究[D].哈尔滨:黑龙江大学,2012.

[45]祝军.从跨文化交际学的角度探讨英汉动物词汇文化内涵的异同与翻译[D].武汉:华中师范大学,2003.

[46]白纯.文化差异与色彩词的翻译[J].上海理工大学学报,2003,(1).

[47]蔡静.浅析中西价值观差异[J].辽宁行政学院学报,2014,(4).

[48]蔡晓琳.中西饮食文化对比分析[J].经济研究导刊,2013,(6).

[49]蔡银环.英汉基本色彩词的对比及翻译[J].福建商业高等专科学校学报,2006,(1).

[50]曹容.汉英动物文化词汇联想意义比较及其差异溯源[J].成都教育学院学报,2006,(10).

[51]曹润霞.英汉禁忌语对比与翻译[J].知识经济,2015,(7).

[52]陈雪.浅析英汉翻译中的词汇和句法对比[J].长春教育学院学报,2013,(11).

[53]陈雪芬.英汉数字的文化差异及翻译方法[J].文教资料,2007,(5).

[54]成程.中西饮食文化差异与菜肴翻译技巧分析[J].湖北函授大学学报,2018,(12).

[55]程绍华.从鲁迅作品看中西色彩词的差异与翻译转换[J].价值工程,2011,(11).

[56]丁婵婵.饮食文化与汉语国际推广[J].金田(励志),2012,(10).

[57]丁树亭.英汉称谓语比较与翻译浅析[J].读与写杂志,2009,(1).

[58]冯晓花.斯内尔—霍恩比的翻译综合法和刘宓庆的当代翻译理论之比较[J].文教资料,2009,(14).

[59]侯贺英,陈曦.文化体验理论对文化教学的启发[J].时代经贸,2012,(2).

[60]胡邵廷.英汉禁忌语和委婉语在英汉互译中的处理技巧分析[J].兰州交通大学学报,2013,(2).

[61]黄佶.跨文化翻译需要树立六个重要观念[J].华东师范大学学报,2018,(6).

[62]黄加振."精确"与"模糊"——浅谈数字的翻译[J].福建农林大学学报,2007,(6).

[63]黄曼.汉语习语变异研究概述[J].社会科学战线,2014,(12).

[64]姜志伟.禁忌语的文化内涵及译法[J].中国科技翻译,2006,(4).

[65]金娟.服饰习语中的隐喻现象及翻译[J].湖北成人教育学院学报,2013,(3).

[66]康路,吕爱晶.中西地名文化内涵对比及其翻译[J].湖南城建高等专科学校学报,2003,(2).

[67]邝君卓.建筑专业英语翻译的特点和难点[J].广州建筑,1996,(1).

[68]雷晓宇,王治江.英汉习语翻译中的文化共享与文化亏损[J].华北理工大学学报,2019,(1).

[69]李琳琳,丛丽.基于文化翻译理论的中国建筑文化翻译策略探究[J].长春教育学院学报,2015,(20).

[70]廖海娟.文化视角中的英汉翻译[J].湖南科技学院学报,2010,(3).

[71]廖喜凤.中英植物文化词汇差异与翻译[J].邵阳学院学报,2008,(3).

[72]林景英.建筑英语的词汇句法特征及其翻译[J].飞天,2011,(22).

[73]刘白玉.英文电影《泰坦尼克号》禁忌语翻译研究[J].电影文学,2008,(6).

[74]刘丹彤,钱婧.试论地名翻译中文化内涵的保存和弘扬——以扬州瘦西湖公园景点翻译为例[J].兰州教育学院学报,2015,(2).

[75]刘兰君.英汉禁忌语之文化差异透视[J].教育现代化,2018,(28).

[76]刘美娟.中西地名命名及文化意蕴比较[J].浙江社会科学,2010,(9).

[77]刘晓雪.汉语数字的文化翻译策略:异化与归化[J].上饶师范学院学报,2005,(4).

[78]刘鑫梅,赵禹锡,刘倩.跨文化传播视阈下我国传统文化对外传播探析[J].传媒论坛,2018,(14).

[79]刘秀琴,董娜.跨文化交际中的英汉"委婉语"探讨[J].山西广播电视大学学报,2018,(4).

[80]刘颖.英汉句子结构对比分析[J].英语广场,2015,(5).

[81]马国志.文化视域下的英汉习语对比与翻译[J].科教文汇,2019,(3).

[82]马昕.英汉句子结构对比分析[J].学科探究,2017,(3).

[83]彭杰.从文化、语言与翻译"三位一体"的关系再看归化与异化的选择[J].长春工业大学学报,2013,(2).

[84]乔虹.翻译与文化的互动关系[J].赤峰学院学报,2009,(11).

[85]秦文杰.漫谈英汉词汇对比的异同[J].文化与探索,2017,(4).

[86]沈琳琳.传统服饰文化在大学英语翻译教学中的策略选择与翻译原则[J].职教通讯,2015,(21).

[87]谭卫国.略论翻译的种类[J].上海师范大学学报,2002,(3).

[88]王冬梅.英汉动物文化内涵的比较与翻译[J].南通航运职业技术学院学报,2006,(2).

[89]王华颖.语言禁忌及其翻译[J].文教资料,2006,(31).

[90]王军.翻译与语言和文化的关系[J].牡丹江大学学报,2007,(3).

[91]王利君.中国地名的文化性及其翻译[J].河北理工大学学报,2009,(1).

[92]王绍瑾.汉英语言中动物文化意象的互译研究[J].湖南工业职业技术学院学报,2015,(1).

[93]王伟.文化翻译的原则和方法[J].文教资料,2010,(5).

[94]卫孝芬.英汉动物词汇的跨文化对比及翻译[J].岱宗学刊,2005,(2).

[95]文珊,李冀宏.英汉基本色彩词文化内涵对比及翻译[J].长沙大学学报,2006,(6).

[96]武晓燕.数字的文化内涵与中西翻译之比较[J].齐齐哈尔大学学报,2006,(3).

[97]徐涓.中西文化中数字的文化内涵及翻译[J].湖北财经高等专科学校学报,2009,(4).

[98]徐郑慧.汉英植物文化社会差异探论[J].广西教育学院学报,2006,(4).

[99]徐志学.关于"典故"的思考[J].兰州学刊,2010,(10).

[100]闫文培.对立统一的和谐理念观照下的跨文化翻译原则与策略[J].阅江学刊,2010,(4).

[101]杨蕙.英汉词汇对比在翻译中的应用[J].贵州民族学院学报,2009,(1).

[102]杨晓军,廖莉莎.东西方地名文化比较及翻译策略[J].中国地名,2010,(9).

[103]杨振宇.论中文地名的翻译——从沙博理的《水浒传》英译本谈起[J].语文学刊,2005,(10).

[104]于江龙.浅谈英汉称谓语的差异与翻译[J].今日科苑,2008,(16).

[105]余志凯.浅议英语地名的翻译方法及其原则[J].郧阳师范高等专科学校学报,2016,(6).

[106]张慧琴.全球化视阈下的服饰文化翻译研究从"头"谈起[J].中国翻译,2012,(3).

[107]张建森.论翻译与文化的互动关系[J].湖北经济学院学报,2015,(8).

[108]张军燕.浅析英汉词汇翻译技巧[J].科技信息,2008,(14).

[109]张丽美.英汉人名文化比较及翻译[J].长春教育学院学报,2009,(2).

[110]张燕.中西社交礼仪的差异[J].赤峰学院学报,2009,(6).

[111]张义桂.中西方传统思维方式的差异及成因[J].文史博览(理论),2016,(6).

[112]张媛.中西人名文化对比研究[J].云南师范大学学报,2004,(2).

[113]赵巧云,杨元刚.英汉色彩词联想意义对比研究与翻译[J].西南政法大学学报,2003,(2).

[114]郑凤兰.汉语习语的特征及其翻译方法研究[J].赤峰学院学报,2013,(12).

[115]郑燕平.英汉语跨文化翻译的基本原则与方法[J].华北科技学院学报,2002,(4).

[116]朱海媛.汉英色彩的文化内涵及其翻译[J].柳州职业技术学院学报,2006,(2).

[117]朱彤彤.英译汉翻译中的词汇对比[J].文化与探索,2017,(2).

[118]祝一舒.试论许渊冲翻译的文化立场与使命担当[J].外语研究,2018,(5).

[119]Davis, Linell. *Doing Culture—Cross-Cultural Communication in Action*[M]. Beijing:Foreign Language Teaching and Research Press,2004.

[120]Halliday, M. A. K. & Hasan, R. *Cohesion in English*

[M]. London：Longman，1976.

[121]Samovar，L. & Porter，R. *Communication between Cultures*[M]. Belmont，CA：Wadsworth Publishing Company，1995.

[122]Venuti，L. *The Translator's Invisibiliy：A History of Translation*[M]. Londonand New York：Routledge，1995.